やさしい言葉が心に響く
小学校長のための珠玉の式辞&講話集

山中伸之 著

明治図書

はじめに

　私が中学生のころですから，今から45年以上前の話になります。
　当時は毎週月曜日に朝会があり，ほぼ毎回，校長先生が何らかのお話をされていました。
　どのようなお話をされていたのか，今となってはすっかり内容を忘れてしまっているのですが，ひとつだけうっすらと覚えているお話があります。それはこんなお話でした。

　ある若者が学問で身を立てようと都会へ出てきた。
　しかし，なかなか学問は成就せず，もうあきらめて家に帰ろうとした。
　家に帰る途中，小さな渓流を渡ったのだが，そこに1人のお婆さんがいる。こんなところで何をしているのだろうかと思って見ると，お婆さんは鉄の斧を研いでいた。
　そこで若者はお婆さんに，
　「ここで何をしているのですか？」と問うた。
　するとお婆さんは，
　「斧を研いで，針をつくっているのです」と答える。
　若者はこのお婆さんの言葉に衝撃を受けた。
　斧を研いで針をつくるなど，気の遠くなるような話である。しかし，辛抱強く研ぐことを続ければ，いつか針になるだろう。
　学問の道もこれと同じだ。少しくらい努力してうまくいかなかったからといって，そこであきらめてはならない。忍耐強く努力を続ければ，いつかきっと成就できるに違いない。
　そう考えた若者は，家に帰るのをやめて学問を続け，やがて立派な学者になった。

そうです。この話は「磨斧作針(まふさくしん)」という故事です。若者は李白だということになっています。
　当時は「磨斧作針」という言葉も，その故事も知りませんでした。しかし，斧を研いで針をつくるという話は，私の心に強く残り，いつまでも消えることはありませんでした。
　後に私は，二宮尊徳翁の「積小為大」という言葉を知り，イエローハット元社長，鍵山秀三郎先生の「成功のコツは２つある。『コツコツ』」という言葉を知り，イチロー選手の「小さいことを積み重ねるのが…」という言葉を知ります。それらの言葉はその後の私の人生の大きな指針となりました。今改めて思い返すと，その原点は中学生時代に聞いた校長先生の「磨斧作針」の故事にあったようにも思えます。

　このように，だれの心にも，いつまでも消えないエピソードがいくつかあるのではないでしょうか。そのエピソードは，何か事あるごとに記憶の底から立ち上がり，その人の決断を後押ししたり，失意から立ち直るきっかけとなったり，他の人を励ましたりするでしょう。
　だれかの人生に深くかかわっていくような話を，たとえ１つでも届けることができたら，まさに教師冥利に尽きると思います。
　校長先生の講話は，そのような特別な話になる可能性に満ちています。校長先生は子どもたちにとって特別な存在だからです。

　在学中はもちろんのこと，卒業してからもずっと子どもたちの心に残り，子どもたちを励まし勇気づけるような講話を，校長先生の熱い思いとともに，ぜひ子どもたちに届けていただきたいと思います。
　本書にそのささやかなお手伝いができれば幸せに思います。

2019年２月

山中　伸之

目　次

序章

心に響く珠玉の言葉を贈ろう

1　聞き手の想定をいい意味で裏切るエピソード……………………………… 010
2　映像化できるほどの具体性……………………………………………………… 011
3　わかりやすい言葉………………………………………………………………… 012
4　実感を込めた語り………………………………………………………………… 012

第1章

子どもと保護者の心に響く式辞

1学期始業式
だれでも必ず一番になれるものがある……………………………………… 014
小さな目標を達成して，大きな目標につなげる…………………………… 018

入学式
アンパンマンのように優しく，ドラえもんのように仲良く……………… 022

PTA総会
子どもがもっているものを見極め，生かす……………………… 024

1年生を迎える会
名前を呼べば，仲良しになれる…………………………………… 028

1学期終業式
夏休みは今までにない自分の力が出せる大きなチャンス……… 030

2学期始業式
つい怠けてしまう弱い自分に勝つ………………………………… 034
続けることに大きな意味がある…………………………………… 038

社会科見学
一流の仕事は人を感動させる……………………………………… 042

運動会
負けても優勝………………………………………………………… 044

学校公開日
雨の日の水やり……………………………………………………… 046

演劇鑑賞会
つらい，苦しい姿勢ほど美しく見える…………………………… 048

2学期終業式
「形」は大事 …………………………………………………………… 050

3学期始業式
いつでも新鮮な気持ちで ……………………………………………… 054
「もしもそうなったら」と考えて準備に臨む ……………………… 058

1日入学
失敗した方が伸びる …………………………………………………… 062

卒業式
行動する人,あきらめない人になる ………………………………… 064
まずは強く思う/心が変われば運命は変わる ……………………… 068

修了式
0.1mmの紙を30回折ると ……………………………………………… 072
よい習慣は自分を助けてくれる ……………………………………… 076

職員歓迎会
出会いはいつもベストなタイミングでやってくる ………………… 080

職員送別会
攀轅臥轍(はんえんがてつ) …………………………………………………………… 082

第2章

子どもにやさしく寄り添う講話

劣等感を武器にする【向上心】	086
ただ寄り添うことも思いやり【思いやり】	088
四つ葉のクローバーは傷から生まれる【克己・努力】	090
見方次第で物事は違って見えてくる【明朗】	092
やってもらったからやるのではなく，自分から【自主・自律】	094
大変なときもごまかさない【誠実】	096
正直に生活すると人生さえ変わる【正直】	098
「教えてもらう力」を高める【素直・忍耐・向上心】	100
礼儀やあいさつは勉強や運動の質に通じる【礼儀・節度】	102
集中するとつらさも乗り越えられる【集中・努力】	104
だれかのためを思って仕事をする【勤労・奉仕】	106
欠点も自分の一部とさらけ出す【向上心】	108
自分の身の回りや習慣を変える【努力・向上心】	110
悩みや苦労にとらわれ過ぎない【よりよく生きる】	112
一流の時間の使い方【節度・克己】	114
相手を許すと自分も救われる【友情】	116
譲ることは美しい【謙譲・謙遜】	118
「リアクション」で仲は深まる【礼儀・信頼・集団性格の向上】	120

高い技術だけが能力ではない【友情・協力】………………………………… 122

「みんなのため」が「自分のため」になる【思いやり・進取・協力】………… 124

いろんなことに気づける人は幸せな人【多面的・多角的な見方】…………… 126

３年も座られた石【忍耐・思いやり】……………………………………… 128

コミュニケーションの不思議な力【コミュニケーション・友情】…………… 130

友情は努力して育てるもの【思いやり・気配り・礼儀】……………………… 132

強く思えば思ったようになる【強い意志・意欲】…………………………… 134

目標を達成するために乗り越えなければならない苦しさ【忍耐】………… 136

見ていないでやってみよう【自主性・協力】……………………………… 138

返事やあいさつは自分のため【礼儀・自主性】…………………………… 140

学校を代表する気持ちで【自律心・誇り】………………………………… 142

失敗した後が大事【前向き・明朗】………………………………………… 144

まず「型」を学ぶ【生活習慣・作法】……………………………………… 146

自分の力を発揮するのに適した場所を見つける【適材適所・自分を知る】… 148

短所は長所【想像力・発想力】……………………………………………… 150

強い思いは岩をも突き通す【向上心・伝統文化】………………………… 152

「相手が先，自分は後」が自分のため【思いやり・相互理解】…………… 154

コンプレックスを強さに変える【向上心・寛容】………………………… 156

掃除は心を込めて【勤労・愛校心】………………………………………… 158

親は身近な神様，仏様【親孝行・家族愛】………………………………… 160

自分を信用しないほどの厳しさ【節制・向上心】………………………… 162

好奇心をもって試せば失敗も成功に【真理の追求・自然愛護・好奇心】… 164

一生懸命とはどういうことか【勤労・強い意志】………………………… 166

自分の知らない自分に個性が出る【個性の伸長】………………………… 168

つらいときそばにいるのが本当の友だち【友情・思いやり】……………… 170
見ることの難しさ【真理の探究・創造】………………………………………… 172

心に響く珠玉の言葉を贈ろう

　せっかく話をするのですから，聞き手の心に長くとどまって，生活の中で折に触れて思い出してもらえたら，こんなにうれしいことはありません。さらに，その話によって勇気づけられたり，生活するうえでのヒントを得たりしてもらえたら，喜びはより大きなものとなるでしょう。
　そのような話を，聞き手に届けるにはどうすればよいのでしょうか。
　私はその要因として，次の4つのことがあげられると考えています。
　1　聞き手の想定をいい意味で裏切るエピソード
　2　映像化できるほどの具体性
　3　わかりやすい言葉
　4　実感を込めた語り

1　聞き手の想定をいい意味で裏切るエピソード

　聞き手の心に長くとどまるには，印象的な話であることが必要です。あり

きたりの話では，日常的に耳にする話と混ざり合って，いつの間にか忘れられてしまうでしょう。

　印象的な話とは，聞き手の想定をいい意味で裏切るエピソードです。例えばこんな話があります。

　ある少年クラブチームの食事会でのこと。手が不自由な子が1人いて，その子は上手にスプーンやフォークを扱うことができません。苦戦するその子を見て，まわりの子がある行動に出ました。

　ここで私たちの多くは，まわりの子みんながその子に食べさせてあげたり，スプーンやフォークが使いやすくなるように工夫してあげたりしたと思うでしょう。でも，まわりの子がとった行動は違いました。

　子どもたちはなんと，全員がスプーンやフォークを捨て，手づかみで食べ始めたのです。とびっきりの笑顔で。それを見て，手の不自由なその子も，手づかみでおいしそうに食べ始めました。最高の笑顔で。

　このように，聞き手の想定をいい意味で裏切るようなエピソードは，聞き手の心に長くとどまるでしょう。

2　映像化できるほどの具体性

　一般的，抽象的な話よりも，個別的，具体的な話の方が，聞き手の印象は強くなります。個別的，具体的な話ならば，聞き手は映像を思い浮かべながら聞くことができるからです。映像が思い浮かぶ方が記憶に残りやすいということは，実感としておわかりいただけると思います。

　例えば，先ほどの例で言えば，「手づかみで食べ始めたのです」の後に，「からあげを右手に持ち，左手にレタスを持って交互に食べたり，大きな肉を両手で持ってかぶりついたり，指についたソースをなめたりと，だれもが飛びっきりの笑顔で食べ始めたのです」などとつけ加えます。すると，その場の様子が，まるで映画を見ているように頭の中に浮かんで来るのではないでしょうか。さらに，言葉での描写と共に動作を加えれば，その様子はますます具体的になっていくでしょう。

実際の話の際には，時間の制約があるので，いくらでも具体的にするというわけにはいきませんが，できる範囲で，聞き手の頭の中に映像が浮かぶような伝え方を心がけたいものです。

3　わかりやすい言葉

言うまでもありませんが，小学校では１年生から６年生までが一緒になって話を聞きます。高学年ならば理解できる言葉も，低学年の子たちは聞いたことさえないかもしれません。

そこで，なるべく低学年の子どもたちにも理解できるような，やさしい言葉，普段よく使われている言葉を使うよう心がけます。これが原則です。

ただし，そのことを過度に意識してしまうと，話全体の内容を損なってしまうこともあります。また，話の内容によっては，特に高学年の子どもたちに聞いてほしい場合もあります。そのようなときには，多少難しい言葉も気にせず使いましょう。低学年の子どもたちも，話の流れや雰囲気で何となく感じがつかめるはずです。難しい部分は，後で担任の先生からわかりやすく解説をしてもらってもよいと思います。

4　実感を込めた語り

最後の，そして最も大切な要因は「実感を込める」ということです。語り手が心からその話をすばらしいと思っていると，伝える言葉や姿勢，動作にその気持ちが表れるものです。

名優は，レストランのメニューを読み上げても聞き手を感動させる，と言われます。それほどに，気持ちを込めた語りは，聞き手の心をゆさぶるものです。名優のように語ることは難しいでしょうが，実感を込めることで名優に迫るような話をすることができるでしょう。

心をゆさぶられる話は，聞き手の心に長くとどまっていくに違いありません。テクニックよりも，実感を込めて，子どもたちに何としても伝えたいという気魄で語りたいものです。

第1章

子どもと保護者の心に響く式辞

1学期始業式

だれでも必ず
一番になれるものがある

一番になるというと難しく思われがちですが，限定すれば意外にだれでも一番になれるものです。一番があると思うと，気分もよくなるし自信も少し出てきます。だれにでも一番になるチャンスがあることを伝え，明るい希望をもたせます。

　みなさんおはようございます。
　3月から1年進級して，みなさん一人ひとりが新しい学年になりました。今日がその新しい1年の始まりの日です。新しい学年としての目標や希望をしっかり見つめて，がんばっていきましょう。
　どんなことでもそうですが，これから新しいことが始まると思うと，なんだかわくわくしてきますね。みなさん一人ひとりの顔を見ると，新しい1年を迎えるうれしさにあふれているようです。みなさんを見ている校長先生までうれしくなってきますよ。
　ところで，みなさんは今年1年，あんなことができるようになりたいな，こんなところをがんばってみようかな，こういうことで自分の力を伸ばしたいな，などと思っていると思います。そこで，みなさんのそういう気持ちを応援するお話を1つしたいと思います。

　まず，今から校長先生がみなさんにちょっとしたクイズを出します。よく考えて，わかったら手をあげてくださいね。
　第1問。日本で一番高い山の名前は何でしょうか。（富士山）
　そう，富士山ですね。富士山の高さは何メートルか知っている人も多いでしょう。3776mもあります。
　では，第2問です。日本で一番高い山は富士山ですが，では，二番目に高

い山の名前は何でしょうか。

　だれか知っている人はいますか？　ちょっと難しいかもしれませんね。一番高い山は富士山でとても有名ですけど，二番目に高い山はあまり聞いたことがないでしょうからね。

　正解は，赤石山脈の北岳で，高さは3193mです。赤石山脈は南アルプスとも呼ばれています。南アルプスは聞いたことがある人もいるでしょう。

　それでは，第3問です。日本で一番面積の広い都道府県はどこでしょうか。5，6年生でないと知らないかもしれませんね。でも，日本地図を見ると，一番広いところがどこかはすぐにわかりますよ。（北海道）

　そうです。北海道ですね。日本で一番面積の広い都道府県は北海道です。ちなみに北海道の面積は，東京都の面積の38倍もあります。東京都が38個集まったくらいの広さということですね。

　では，第4問です。日本で一番面積の広い都道府県は北海道ですが，それでは，二番目に広い都道府県はどこでしょうか。

　これも難しいですね。でも，5，6年生は何となくわかるでしょうか。正解は，岩手県です。今度日本地図をよく見てみてくださいね。ちなみに，北海道の面積は岩手県の面積の約5.5倍もあります。

　さて，この4つのクイズを振り返ると，あることに気がつくのではないでしょうか。

　そうです。**私たちは一番のものはよく知っているけれども，二番，三番のものはほとんど知らないということ**です。これは，一番のものはみんながよく覚えてくれるということで，二番，三番はそれほどでもないということですね。

　ということは，**みなさんにも何か一番のものがあれば，みんなからよく覚えてもらえるということ**です。それは大きな自信にもなりますね。例えば，クラスで一番走るのが速いとか，クラスで一番あいさつの声が大きいとか，

クラスで一番ピアノを弾くのがうまいとか，クラスで一番料理が上手とかというのがあれば，みんながその人のことを覚えてくれます。

でも，こういう話を聞くと，「自分には一番のものがないから，関係ない話だな」と思ったり「自分は一番にはなれないからダメだな」と思ったりする人がいるかもしれませんね。けれども，がっかりすることはありません。今からよいことを教えますから，よく聞いてくださいね。

さっきのクイズを思い出してください。日本で一番高い山は富士山でしたね。そして二番目に高い山は北岳でした。一番目の富士山に比べて，二番目の北岳はあまり知られてはいませんでした。でもね，この二番目の北岳を一番にする方法があるんです。

それはどういう方法かというと，**まわりを変えるんですね。**

富士山は実は，火山なんです。知っていましたか。富士山は今までに何度も噴火したことがあるんですね。そして，これからももしかしたら噴火をするかもしれないのです。富士山は火山なんです。

それに対して，北岳というのは，火山ではないんですね。ということは，北岳は火山ではない山の中で，日本で一番高い山なんです。どうです。これで北岳が一番になったでしょう。

同じように岩手県も考えてみましょう。

北海道は日本で一番面積の大きい都道府県です。岩手県は二番目でした。さっきの北岳と同じように，岩手県のまわりを変えてみましょう。岩手県は日本では二番目に面積の大きな都道府県です。この「日本」を「本州」に変えてみます。

すると，岩手県は本州では一番面積の大きい都道府県になります。岩手県が一番になりました。

もう秘密がわかりましたね。**まわりを変えてみれば，だれでも一番になれるものがある**ということです。例えば，クラスで三番目に走るのが速い子は，

クラスの女子の中では一番速く走れるかもしれません。同じように，ひとりっ子の中では一番料理が上手だという子もいるかもしれません。給食のグループの中では一番箸の使い方が上手だという子もいるでしょう。

　こういうふうにして，自分の一番を探してみることが実はとても大事なんですね。こうやって**自分のすばらしいところを自分で見つけて，自分にはこんないいところがあるんだということを自分に教えてあげましょう。**

　自分のすばらしいところがわかると，自信が生まれます。1つの自信が生まれると，朝顔の種が芽を出して，その芽がだんだんと大きくなっていくように，自信の芽もどんどんと大きくなっていきます。そして，やがてつぼみができてきれいな花が咲くようになるでしょう。

　みなさんには，この1年間でいろいろなことに挑戦して，いろいろな力を伸ばしてほしいと思っています。でも，もしかしたら自分で思っていたところまでできなかったり，何度やってもうまくいかなくてがっかりしてしまったりすることもあるかもしれません。

　そんなときに，自分には一番のものがあると思えると，自分で自分を励ますことができますね。また，何度やってもうまくいかないということがあっても，「何度もチャレンジした回数は自分が一番だ」とか，「失敗してもまた挑戦するスピードは自分が一番だ」とか，いろいろな一番を考えることもできますね。

　人それぞれ，どんな色の花でもいいと思います。どんな形の花でもいいと思います。どんな大きさでも，どこに咲いていてもいいと思います。この1年間で，みなさん一人ひとりが，それぞれにきれいな花を咲かせることを，校長先生は今から楽しみにしています。

1学期始業式

小さな目標を達成して，
大きな目標につなげる

第1学期の始業式は，これから新しい1年が始まる最初の日です。最初の日には子どもたちが大きな希望をもってスタートできるよう，明るい希望がもてるような話をしたいものです。達成しやすい小さな目標をクリアすることで，大きな目標も達成しやすくなります。

　みなさんおはようございます。
　今日から学校生活での新しい1年が始まりますね。今日は，その新しい1年の1学期の最初の日です。
　1年生は2年生に，2年生は3年生に，3年生は4年生に，4年生は5年生に，そして5年生は最高学年の6年生に進級しました。今日から，新しい友だち，新しい担任の先生と新しい勉強が始まります。新しい学年の行事もありますね。みなさんの心がわくわくしている様子が，校長先生にも伝わってくるようです。
　ところで，今日か明日には，みなさんも1年間の目標とか1学期の目標とかを決めると思います。そこで，目標を決めるときに考えてほしいことを，お話ししたいと思います。

　サトーカメラというカメラ販売店をいくつも経営している佐藤さんという人がいます。実は，佐藤さんは，サトーカメラを始めたとき，なかなか商売がうまくいきませんでした。もう見込みがないから，お店をやめてしまおうと思ったこともあったそうです。
　ある日，近くにある電気製品を売っている大きな店に行きました。そのお店には小さなカメラ屋さんがあったので，佐藤さんはそのカメラ屋さんをのぞいてみたそうです。そうしたら，佐藤さんのお店よりもずっと小さいお店

なのに，ものすごくたくさんの人がいて，繁盛していたのだそうです。
　そこで佐藤さんは考えました。自分の店は大きいのにお客さんがあまり来ない。この店は小さいのにお客さんがたくさん来る。その違いはどこにあるのだろう。
　いろいろ考えているうちに，佐藤さんはあることに気づきました。それは，佐藤さんのお店はカメラを専門に売るお店として始まったのですが，カメラがあまり売れなかったので，カメラの他にもテレビとかコンピュータとかいろんなものを売っていたのです。カメラ専門店といいながら，カメラ以外のものを売っていたのですね。
　それに気づいた佐藤さんは，自分のお店のカメラ以外のものを安く売ったり引き取ってもらったりして，カメラだけを売るようにしました。しかも，カメラはカメラでも，そのころ人気のあったビデオカメラを一生懸命売ろうとしたそうです。さらに，ビデオカメラの中でもある会社のビデオカメラだけを中心に売ったそうです。
　そうしたら，そのビデオカメラの売り上げだけはあっという間に地域でナンバーワンになったのだそうです。
　佐藤さんは，そのビデオカメラの売り上げが地域でナンバーワンになったことを大きく宣伝しました。すると，ますますたくさんのお客さんがやってきて，いつの間にか商売が大繁盛するようになったのだそうです。

　みなさんはこのお話を聞いてどんなことを考えますか？
　私はこのお話から，2つのことを考えました。
　1つは，**何かをやりとげようと思ったら，あれもこれもいろいろとやろうとしないで，何か1つに決めるということ**です。
　佐藤さんは，カメラが好きでカメラを売る店を始めたわけですが，なかなか売れなかったので，途中からカメラ以外のいろいろなものを売るようになってしまいました。それがまたお客さんが来なくなる原因でもあったのだと思います。

何でも，それを始めたときの気持ちを思い出して，そのときの気持ちでやり直すことを「初心に返る」と言いますが，佐藤さんも初心にかえって，カメラ１つに決めて商売をやり直そうとしたのですね。それが成功した理由の１つだと思います。
　考えたことの２つめは，**何か１つに決めたら，そこからさらに絞って絞って小さいことを目標にする**ということです。
　初心に返ってカメラを売ろうと考えた佐藤さんは，カメラはカメラでもビデオカメラに絞りました。さらに，ビデオカメラはビデオカメラでも，ある会社のビデオカメラに絞りました。こうして小さいことを目標にしたことで，目標を達成することができたのです。

　これから目標を立てるみなさんにとって，佐藤さんの目標の立て方がとてもよい参考になるのではないかと思います。
　例えば，「テストで100点をとる」という目標を立てたとしましょう。テストにもいろいろな教科のテストがありますね。全部のテストで100点をとるという目標もいいのですが，佐藤さんのように何か１つに決めた方が，目標は達成しやすくなります。
　ですから，「テストで100点をとる」という目標は，例えば「国語のテストで100点をとる」とか「算数のテストで100点をとる」とかというように，教科を何か１つに決めるのもよい方法だと思います。
　また，そこからさらに小さく絞って目標を立ててもいいでしょう。例えば「算数のかけ算のテストで100点をとる」とか「漢字50題テストで100点をとる」とかというようにです。
　これは学習についての目標ですが，生活についての目標を立てるときにも同じことが言えます。
　例えば，「元気なあいさつをする」という目標を立てたとしましょう。いつでもどこでもいろんなあいさつを元気よくするというのはとてもよい目標です。でも何か１つに決めた方が，やりやすくなりますね。

そこで,「元気なあいさつをする」という目標は,「おはようございますのあいさつを元気にする」「先生やお客様へのあいさつをがんばる」などとしてもよいでしょう。

　学習の目標と同じようにもっと小さく絞るなら,「毎朝のおはようございますのあいさつを元気にする」とか「お客様へのあいさつは学校で一番元気にする」とかとしてもよいでしょう。

　こんなふうに,目標を1つに決めたり,もっと小さく絞ったりすると,目標を達成しやすくなりますから,みなさんが目標を決めるときに参考にするとよいと思います。

　ところで,さきほどの話の佐藤さんは,小さく小さく目標を絞って地域のナンバーワンになりました。そして,そのナンバーワンになったことがもっとたくさんのお客さんを集めてくれました。つまり,**小さな目標を達成したことが,さらに大きな目標を達成することにつながった**というわけです。

　これと同じように,みなさんが小さい目標を達成すると,そのことが自信になって,少し大きな目標を達成することにつながっていきます。少し大きな目標を達成すると,それがまた自信になってさらに大きな目標を達成することにつながっていきます。

　ですから,小さい目標を達成するということが大事です。

　はじめから大きな目標を決めるのもいいのですが,大きな目標を達成するには大きな努力も必要です。もしかしたら達成できないままで終わってしまうかもしれません。

　それよりも,はじめは小さな目標を決めてそれを達成し,目標を少しずつ大きくしていくとよいでしょう。小さく絞った目標なら,だれでも達成することができます。

　1学期が始まる今は,その小さな目標を立ててスタートするのに,とてもよい時期です。ぜひ,1年のよいスタートを切ってください。

【参考文献】
佐藤勝人『日本一のチラシはこうつくれ!』(文芸社)

入学式

アンパンマンのように優しく，
ドラえもんのように仲良く

入学式では新入生に向けて話をします。1年生がよく知っているキャラクターを話に盛り込んで，1年生へのお願いを伝えてみましょう。緊張している1年生も，キャラクターの名前と共に心に留めてくれます。

　1年生のみなさん，入学おめでとう！
　今日からみなさんは，○○立○○小学校の1年生です。
　私は，校長の「○○○○」と言います。みなさんを○○小学校にお迎えすることができて，とてもうれしいです。
　○○小学校は，校門にとても大きな桜の木があります。みなさんもあの桜の木と同じように，立派な小学生になりましょうね。
　今，みなさんの後ろにいるお兄さんお姉さんたちも，1年生のみなさんが入学してくることをとても楽しみにしていました。お兄さんお姉さんたちと，遊んだり勉強したりすることが，これからたくさんありますよ。楽しみにしていてくださいね。

　ここで，校長先生から1年生のみなさんに，3つのお願いがあります。
　みなさんは，「アンパンマン」を知っているでしょう？　アンパンマンは，困っている人を見るとすぐに助けてくれますね。
　校長先生からのお願いの1つめは，みなさんにもアンパンマンのように，**他の人に親切にしてほしい**ということです。困っている人がいたら，どうしたのと声をかけてあげてくださいね。
　2つめのお願いです。みなさんは「ドラえもん」も知っていますよね。ドラえもんのお話には，ドラえもんの他にも，のび太，スネ夫，ジャイアン，

出木杉君，しずかちゃんなど，いろいろなお友だちが出てきますね。のび太君たちは普段はけんかをしたりもするけど，大事なときにはみんなで力を合わせてがんばることができます。

　みなさんの教室にも，たくさんのお友だちがいます。たまにはけんかをすることもあるかもしれません。でも，**大事なときにはみんなで仲良く力を合わせてくださいね。**これが２つめのお願いです。

　それから，みなさんもドラえもんやのび太君が使う，「タケコプター」や「どこでもドア」があったらいいなあと思いますよね？「タケコプター」とか「どこでもドア」は未来の発明ですが，校長先生はみなさんにも「タケコプター」や「どこでもドア」に負けないすばらしい発明や工夫をしてほしいと思います。そのために**担任の先生の言うことをよく聞いて，たくさん勉強をしてくださいね。**これが，３つめのお願いです。

　この３つのお願いを，忘れないでくださいね。

　最後になりましたが，ご来賓の皆様，地域の皆様，本日はお忙しい中，本校の入学式にご参列いただき，誠にありがとうございます。本日，○○名の元気な１年生を迎え，全校児童○○○名で本年度がスタートいたしました。皆様のご協力のもと，この○○小や地域を誇りに思う子どもたちを育ててまいりたいと存じます。本年度も，どうぞ，本校へのご支援・ご協力をよろしくお願いいたします。

　保護者の皆様，お子さんのご入学誠におめでとうございます。心よりお祝い申し上げます。大切に育ててきたお子様を本日から確かにお預かりいたします。安全を第一に，お子様一人ひとりのよさや可能性を最大限に伸ばすよう，教職員一同，全力で取り組んでまいります。どうぞ，本校の教育にご理解・ご協力をよろしくお願いいたします。

　それでは，１年生のみなさん，これから元気に仲良く楽しく学校生活を送っていきましょう。

　以上で，あいさつとさせていただきます。

PTA総会

子どもがもっているものを見極め，生かす

ともすると，人はマイナス面にばかり目を向け，悲観してしまいます。しかし，それを逆転の発想でプラスに転じることもできます。逆転の発想でマイナス面をプラスに転じて，子どもたちの可能性を信じてやることも親の務めです。

　みなさん，こんにちは。

　五月晴れの空に，鯉のぼりが元気よく泳ぐ季節になりました。日頃より，本校の教育活動に対しまして，温かくも深いご理解とご支援をいただきまして，心より感謝申し上げます。また本日は，土曜日にもかかわらず，PTA総会へのご出席をいただき，あわせてお礼を申し上げます。

　本年4月の人事異動により，私を含めた8名の教職員が，新たに本校に勤務させていただくことになりました。どうぞよろしくお願いいたします。

　本日はせっかくの機会ですので，本年度の本校の教育につきまして，あらましをご説明させていただき，本校教育について一層のご理解をいただきたいと存じます。

　本校の教育目標は「力強く自分を開く○○っ子」です。これは「やさしい子・かしこい子・たくましい子」ということを表していることでもあります。

　「やさしい子」とは，命を大切にし，友だちや隣人を思いやり，自然を大切にする子です。このような子は，自分のことやまわりの人のことをよく考えて行動することができます。

　「かしこい子」とは，勉強がよくできる子という意味ももちろんありますが，その他に自分の得意なことがある子，得意なことがよくわかっている子，自分をよりよく伸ばしていこうとする子ということです。自分の見方や考え

方ができる子でもあります。

　「たくましい子」は，自分の体のことをよく知って，健康のためになることを進んで行える子です。体の健康にも気をつかうことができますし，心の健康にも気をつかうことができる子です。

　このような子どもたちになってくれることを願って，教育活動を行っていきますので，どうぞよろしくお願いいたします。

　また，資料にもあります通り，今年度の重点として次の3つのことに特に力を入れて取り組んでまいります。

　1つは，学力の向上です。基礎学力の習得を第一に，子どもたちの思考力・判断力・表現力を向上させるための取組も行っていきます。授業の工夫はもちろんですが，学年行事や学校行事を通しても，思考力・判断力・表現力を高めていきたいと考えています。

　もう1つは，道徳教育の充実です。道徳科の授業では，問題解決的な学習や体験的な学習を取り入れ，子どもたちが道徳的な価値について自分事として考えることができるような授業を行っていきます。また，学校教育全体で行う道徳教育にも力を入れ，子どもたちの心を豊かにしていきたいと考えています。

　最後は，保護者のみなさんや地域のみなさんとの連携です。学校は，保護者のみなさん，地域のみなさんの協力なしには，よい教育はできません。これからは両者がアイデアを出し合って子どもたちの教育を考えていく時代だと思っています。そのために今まで以上に，みなさんとの連携に力を入れていきたいと考えています。

　いろいろとご協力をいただく機会があると思いますが，改めてどうぞよろしくお願いいたします。

　では，かたいお話はここまでといたしまして，子育てについて1つみなさんに話題を提供したいと思いますので，どうぞおつき合いください。

　今からもう30年近く前のことになります。青森県と言えば日本一のりんご

の産地ですが，その青森県のりんごに大きな被害が出たことがありました。1991年の秋のことです。台風によってりんご農家が育てていたりんごの９割くらいが，収穫する前に木から落ちてしまったんですね。

　これはもう，りんご農家にとっては大きな痛手です。せっかく丹精込めて育てたりんごが落ちてしまったのも悲しいことですし，落ちてしまったりんごは高い値段をつけることはできませんから，収入も大きく減ってしまうわけです。

　しかし，この状況を，あるアイデアが救ったそうです。９割のりんごが台風によって木から落ちてしまったわけですが，残りの１割のりんごは落ちないで残っていたわけです。そこで，その**落ちないで残った１割のりんごを，「落ちないりんご」という名前で，縁起のいい物として受験生に買ってもらおうというアイデア**でした。

　値段は１個1000円くらいだったそうです。普通だったらりんご１個を1000円で買う人は少ないですよね。でも，この「落ちないりんご」は飛ぶように売れて，あっという間に売り切れたんだそうです。このアイデアでりんご農家の方がどれくらい助かったのかはよくわかりませんけれども，落ちたりんごの分を少しは補うことができたのではないかと思います。

　このお話ですが，私はこれは子育てにも生かすことができると思うんです。
　このアイデアは視点を変える，つまり見る場所とか見る方向を変えることで生まれたアイデアです。台風で木から落ちてしまった９割のりんごを見てがっかりしているだけだったら，思いつかなかったと思います。落ちた９割のりんごではなく，「落ちなかった１割のりんご」に目を向けたときにこのアイデアは生まれました。落ちてしまってもう木に「ないりんご」ではなく，落ちずにまだ木に「あるりんご」に目を向けたのですね。
　私たちはついつい，あればいいのになあと思うこと，つまり今はないことに目を向けて，それをうらやましがったり，それがないからダメなんだと思ってがっかりしたりしてしまいます。

私も子育てをしていたときには，我が子に対してもそう思っていました。誰々さんのように駆け足が速いといいのになあとか，誰々さんは勉強できるけど自分の子はそうでもないなあとか，お隣の子はいつもグループのリーダーとして活躍しているのに我が子はそういうことが苦手だなあとかいうようにです。

　でも，そうやって我が子にないところ，我が子ができてないところを見ているというのは，台風で落ちてしまって，もう木にはないりんごに目を向けているのと同じだと思います。そうではなくて，**まだ落ちてない，今木にちゃんとあるりんごに目を向けることから新しいアイデアが生まれたように，我が子にあるもの，我が子がもっているものをよく見極めて，それを生かすことが子どもを生かすこと**なんじゃないかと思います。

　親の大きな役割の１つが，このことではないでしょうか。

　よその子にはあるけれども自分の子どもにはないことばかりに目を向けて，それがあればいいのにと親が思っていると，その思いは知らず知らずのうちに子どもに伝わります。自分はこれができないからダメなんだ，それでお父さんお母さんはがっかりしているんだ，と思ってしまうかもしれません。

　反対に，子どもがもっているもの，子どもにあるものに目を向け，こんなふうに生かしていくといいだろう，こんなふうに伸ばしていくといいだろうと思っていれば，子どもも自分の才能を伸ばしていこうと思うでしょう。

　もちろん，これはみなさんだけが心がければよいということではありません。本校の教職員全員が心がけていかなければならないことでもあります。

　ご家庭と学校とが同じ方向を向いて子どもたちを育てていくことで，子どもたちもまたすくすくと成長していくのではないかと思います。

　本年度もまた，ご家庭と学校が一致協力して子どもたちの成長を見守っていけますようお願い申し上げまして，私のあいさつとさせていただきます。

　本年度もどうぞよろしくお願いいたします。

【参考文献】
箱田忠昭『落ちたリンゴを売れ！』（フォレスト出版）

> 1年生を迎える会

名前を呼べば，仲良しになれる

1年生にとって，新しい友だちに話しかけるのは勇気がいることです。また，だれかと仲良くなりたいと思いながら，なかなかそのきっかけがつかめない子もいます。そういった子どもたちの背中を押すつもりでやさしく語ります。

　みなさん，こんにちは。
　(「こんにちは」)
　1年生のみなさん，こんにちは。
　(「こんにちは」)
　とっても元気がいいですね。校長先生もみなさんの元気な声を聞いて，とっても元気になりました。

　さあ，今日は「1年生を迎える会」です。
　2年生以上のお兄さんお姉さんが，1年生と楽しい時間を過ごすため，いろいろなことを計画してくれています。楽しみですね。
　この「1年生を迎える会」を通して，2年生以上のお兄さんお姉さんと，もっともっと仲良しになってください。

　それから，2年生から6年生までのみなさん，1年生を迎える会の準備をありがとうございました。
　特に6年生は，自分たちの発表の他にも，時間をかけて今日の計画や会場の準備をしてくれました。ありがとうございました。2年生以上のみなさんも，1年生ともっともっと仲良しになってくださいね。

ところで，仲良しになるにはどうしたらいいでしょうか？

人それぞれにいろいろなやり方で仲良しになれますが，その1つが，**相手の人の名前をたくさん呼んであげるということ**ではないかなと校長先生は思っています。

校長先生はお休みの日などに，たまにお店にご飯を食べに行くことがあります。時々行くお店がいくつかあるのですが，その中の1つのお店だけ，他のお店と違っていることがあるんですね。

お料理とか場所とかが違うのは当たり前ですけど，その他のことで違っていることがあるのです。何だと思いますか？

それは，他のお店は先生が行くと「いらっしゃいませ」と迎えてくれるのですけど，その1つのお店だけ「山中さん，いらっしゃいませ」と先生の名前を入れて迎えてくれるんです。

自分の名前を呼ばれるってうれしいですよね？

みなさんもただ，「おはよう」って言われるよりも，「〇〇さん，おはよう」って言われた方がうれしいでしょう？

相手の人の名前を呼ぶと，お互いにうれしくなって，仲良しになれるというわけです。

ですから，みなさんも，友だちをつくりたい，仲良くなりたいと思ったら，その人の名前をたくさん呼んでみるといいですよ。

今日の「1年生を迎える会」では，じゃんけんゲームとか風船リレーとかがあるようですから，

「〇〇ちゃん，じゃんけんしよう」

「〇〇さん，風船を渡すよ」

などと，なるべく相手の人の名前を呼んであげるといいのではないかと思います。

今日はそんなことをちょっと頭の中に入れて，楽しい「1年生を迎える会」にしましょう。

1学期終業式

夏休みは今までにない
自分の力が出せる大きなチャンス

同じくらいの能力をもっている子でも，自信をもって行う子とそうでない子では，言動や活躍の度合いに大きな差が出ます。夏休みを前にして，自信をもてない子に，本当は力があるのだと気づかせるように語ります。

　みなさん，おはようございます。(「おはようございます」)
　今日で1学期が終わりますね。4月8日に始業式を行ってから，もう3か月以上が経ったことになります。何日学校に来たかわかりますか？　72日間です。長かったでしょうか，短かったでしょうか。長かったなあと思う人，手をあげましょう。そうですか。長い1学期間，毎日よくがんばりましたね。立派です。短かったと思う人，手をあげましょう。はい，あっという間に感じたのですね。よくがんばりました。立派です。
　さて，1学期を振り返って，校長先生にはうれしかったことが4つありました。その4つをまずみなさんにお伝えしますね。

　1つめは，あいさつです。校長先生が毎朝，みなさんの教室の前を散歩しているのはみんな知っていると思います。どこの教室の前を歩いていても，みなさんが元気よく「おはようございます」と言ってくれるのでとてもうれしいです。特に，1年生と2年生。4月のころに比べるとあいさつの声がすごく大きくなってきましたね。あいさつをするときの顔もにこにこしていて，こちらまで楽しく元気になってきます。この前，○○小学校の校長先生がいらしたときに，1年と2年生のあいさつがとても上手だとほめていましたよ。
　2つめは，姿勢です。校長先生は3時間目ごろにもみなさんの教室の前をときどき散歩しています。みんな今どんな勉強をしているのかなとか，困っ

ている子はいないかなとか，そんなことを考えながら廊下から教室の様子を見ています。だれもが一生懸命勉強していてすばらしいと思いますが，特に，3年生と4年生の姿勢がいいので，校長先生はそれを見ていつも気持ちよくなります。背筋がぴっと伸びて，先生の方をきちんと見て話を聞いていますね。とっても立派だと思います。

　3つめは，5年生，6年生のリーダーシップです。6年生は，入学式の式場をつくったり1年生を迎える会の準備をしたり，体力テストでは1年生のテストを手伝ってあげたりと，○○小学校のお兄さんお姉さんとして大活躍でした。集会のときの態度もいつも立派で小さい子のお手本でしたね。5年生もそんな6年生を助けて，2年生の体力テストのお手伝いをしたり，掃除の時間に1年生や2年生に掃除のやり方を教えてあげたり，登校班の班長となって安全に登校したりしました。5年生，6年生がリーダーとして活躍する姿を見て，校長先生はいつも頼もしく思っていました。

　4つめは，この1学期間，みなさんに交通事故や大きなけがが1つもなかったことです。みなさんが毎日元気に学校に来てくれるだけで，先生方はとってもうれしいのです。校長先生もとってもうれしいです。毎日元気なあいさつの声を聞けたことがうれしかったことの4つめです。

　さて，いよいよ明日からは夏休みが始まりますね。今，みなさんは夏休みが楽しみで楽しみで仕方がないと思います。夏休みになったら何をしようかなとわくわくしている人もいるでしょう。夏休みになったらどこかに旅行に行く予定のある人もいるでしょう。どんな自由研究をしようかと，いろいろ計画を練っている人もいるでしょうね。

　みなさんの夏休みが，豊かな夏休みになることを校長先生も願っています。そこで夏休みを前に，1つお話を紹介しますね。

　みなさんは，小さい昆虫の「アリ」を見たことがあると思います。知らない人は多分1人もいないと思います。どこにでもいる昆虫ですからね。この

アリにもいろいろな種類がありますけど，「働きアリ」という名前を聞いたことがあると思います。
　この働きアリについて，おもしろい研究をした大学の先生がいます。先生は，アリの巣の働きアリを観察していて，あることに気づいたそうです。それは，**働きアリなのに全然働かない働きアリがいる**ということです。
　それで先生は，その働かない働きアリだけを集めて観察をしてみたそうです。そうしたらどうなったと思いますか？　働かない働きアリばかりを集めたのですから，どのアリも働かない集団になると思いますよね。ところが，**働かない働きアリばかりを集めた集団をつくると，その中で何匹かのアリは働くようになる**のだそうです。おもしろいですね。
　そこで，先生は今度は働いている働きアリばかりを集めてきて，観察をしてみたそうです。そうしたらどうなったと思いますか？　そう，みんなが想像していた通りです。**働く働きアリばかりを集めた集団をつくると，今度はその中の何匹かのアリは働かなくなる**のだそうです。
　この観察から，働くアリと働かないアリの違いは，働く力があるかないかとは関係がないということがわかります。つまり，**働く力があるから働いているということではない**ということですね。

　このお話から校長先生は考えました。アリと人間を簡単に比べることはできませんけど，このアリと同じようなことを，校長先生はいろいろなところで見てきたんですね。例えば，それまであまり積極的に仕事をしなかった子が，急に積極的に仕事をするようになったり，その反対だったりするということです。
　ということは，人の場合でも，どんな行動をするかというのは，その人にそのことをする力があるからやる，そういうことをする力がないからやらないというのとはちょっと違うのではないかと思いました。
　みなさんの中には，もともといろいろな力が備わっているのだと思います。そしてその力は，本当はだれでも出すことができるようになっているのだと

思います。働かなかった働きアリが急に働くようになるのと同じです。

では，そういう力はどうすれば出てくるのでしょうか。

校長先生は，それは**まわりが今までと変わる**ということではないかと思っています。働かなかった働きアリが働き出したのは，それまでの集団とは違った集団に入ったからだと思います。それまでは，働く働きアリもいたし働かない働きアリもいました。それが，働かない働きアリばかりが集められたのですから，まわりががらっと変わってしまったのですね。

そういうふうに，まわりがそれまでとがらっと変わってしまうことが，それまで出なかった力が出るチャンスなのではないかと思います。

そう考えたら，夏休みってまわりががらっと変わることでもあるのではないでしょうか。1学期中は毎日学校に来ましたね。でも，夏休みになると毎日学校に来ることはありません。学校に来ないのですから，それまで毎日勉強を教えていただいた担任の先生と会うこともあまりありません。みんなと一緒に勉強することもありません。時間割もありません。

そういうところで，それまでにない自分の力を出すことができると思います。**夏休みは，今までにない自分の力が出せる，大きなチャンスでもある**のですね。

みなさんがこの夏休みを有意義に過ごして，2学期には新しい力を身につけてますます立派になって登校することを，校長先生は今からとても楽しみにしています。

最後に，もう1つ大事なお話をします。2学期にみなさんがますます立派になった姿を見せてくれるためには，夏休みを病気やケガをしないで，事故にもあわないで，安全に健康に過ごさなければなりません。

自分の命は自分で守る，これはいつも頭に入れておいてくださいね。

それでは，2学期にまた会いましょう。

【参考文献】
長谷川英祐『働かないアリに意義がある』（メディアファクトリー）

2学期始業式

つい怠けてしまう
弱い自分に勝つ

やるべきことがはっきりしていても，ちょっと面倒だなと思ったり他に楽しいことがあったりすると，ついつい後回しにしたり手抜きしたりしてしまうのが人の弱いところです。ちょっと不思議な和尚さんのお話を通して，弱い自分に勝つ気持ちをもたせます。

みなさん，おはようございます。

42日間の夏休みが終わって，今日から第2学期が始まりましたね。今日は久しぶりに学校に来て，久しぶりに教室に入り，久しぶりに友だちや担任の先生に会って，新鮮な感じがしたのではないでしょうか。校長先生もこうして久しぶりにみなさんの元気な顔を見ることができて，とてもうれしく思います。

それから，長い夏休みの間に，みなさんが大きな病気やけがをしたり，交通事故にあったりしたことが1つもなかったことも，校長先生にとってはとてもうれしいことです。これは，みなさんが担任の先生からお話しされた夏休みの注意をよく守って生活したからだと思います。立派なことです。

さて，みなさんはどんな夏休みを過ごしたでしょうか。これから，夏休みの思い出を教室で話したり，夏休みの日記を教室に貼ったりすると思います。校長先生も，みなさんの夏休みの様子を聞いたり読んだりすることを楽しみにしていますよ。

ところで，今日から2学期が始まるわけですが，2学期は1学期よりもちょっとだけ長いのです。1学期は4月8日に始業式があり，7月20日には終業式がありましたので，だいたい100日間でした。2学期は9月1日に始業式があり，12月25日が終業式ですから，116日くらいあります。みなさんが学校に来る日も，1学期よりもちょっとだけ多くなります。

それに，2学期は季節で言うと秋がありますね。秋は昔から，読書の秋とかスポーツの秋とか食欲の秋とかと言われて，勉強をしたり運動をしたりすることが，とてもやりやすいときです。ですから，学校の行事もたくさんありますよ。

　例えば運動会です。1年生のみなさんも，幼稚園や保育園で運動会をしてきたと思いますが，小学校でも運動会をやります。2年生以上は去年の運動会が思い浮かぶでしょう。今年もまた，走ったりダンスをしたりおうちの方とお弁当を食べたりしますよ。

　運動会が終わると，学習発表会があります。みなさんが毎日学校で勉強をした成果を，おうちの方や地域の方に見てもらう会ですね。歌ったり楽器を演奏したり劇をしたりして，毎日の勉強の様子を立派に発表してくださいね。そのための練習もがんばってください。

　それから少し寒くなってくるころに，持久走大会がありますね。少し長いところを自分の走れるペースで走る力を試す大会です。走るのがちょっと苦手な人もいると思いますが，無理をしないで自分のペースで走るという目標をもって取り組んでくださいね。

　もう1つ，みんなが楽しみにしている校外学習もありますね。バスに乗っていろいろなところに勉強に出かけます。1年と2年生は動物園かな。3年生はお菓子工場，4年生は織物体験，5年生は自動車工場，6年生は国会議事堂ですね。今から楽しみにしていてください。

　さて，そのようないろいろな行事はもちろんですが，みなさんには勉強もがんばって取り組んでほしいと思います。2学期は勉強をするのにもとてもよい季節ですからね。

　でも，学校行事は一生懸命がんばるけれども，勉強はあまりおもしろくないなあ，なんて思っている人はいませんか。もしもそう思っている人がいたら，ちょっと考えてみてくださいね。勉強がおもしろくないのはどうしてなのでしょうか。

　みなさんは，国語は考えるのが難しいからとか，算数の問題はややこしい

からとかと思うかもしれませんね。でも校長先生は，勉強がおもしろくないのは，自分の心のせいではないかと思います。
　そんなことを考えてほしいので，1つお話をしますね。

　昔，あるところに，1人のお坊様がいました。お坊様は毎日一生懸命修行をしていました。
　ところが，毎日熱心に修行をしていたのですが，いつのころからか，お坊様が修行を始めると，どこからか1匹の大きなクモが出てきて，お坊様の体の上を這い回るのだそうです。お坊様は，そのクモが気になって気になって，とても修行ができません。
　そこで，修行をいったんやめて，その大きなクモを追い払います。クモがいなくなってから修行の続きをするのですが，お坊様が修行の続きを始めようとすると，また大きなクモが現れるのだそうです。
　どうしても修行にならないので困ったお坊様は，自分の師匠にこのことを相談しました。するとお師匠様は，
「今度そのクモが現れたら，墨でそのクモに印をつけておき，どこからそのクモが来るのかを調べてみるとよい」
と，アドバイスをしてくれたそうです。
　次の日，お坊様が修行を始めると，またあの大きなクモが現れてお坊様の体の上を這い回りました。そこでお坊様はお師匠様から言われたようにそのクモのお腹に墨で大きく〇を書きました。
　お坊さんはこれでクモがどこからやってくるのかつきとめられると思うと，安心して久しぶりに修行に集中することができたそうです。そして修行が終わったとき，お坊様はびっくりしました。なんと，お坊様は自分のお腹に墨で大きな〇が書いてあるのを見つけたのです。
　それを見てお坊様は気がつきました。あの大きなクモは，**修行をしたくないというお坊様の心がクモの姿になって出てきていた**ということにです。お坊様は人に話すことはありませんでしたが，心の中では修行があまり好きで

はなかったのでしょうね。だから，修行中も他のことを考えていたのでしょう。そういう心がクモの姿になったのだと思います。

さて，このお坊様をみなさんだと考えてみましょう。そして，修行のじゃまをするクモは，みなさんが勉強をしようとするのをじゃまする，いろいろな理由だとします。例えば，算数が苦手だからとか，国語の勉強はつまらないからとか，塾に行ったりピアノの練習に行ったりして疲れているからとか，ゆうべはおばあちゃんの家にお見舞いに行ったので眠いからとか，そういういろいろな理由が，お坊様の修行のじゃまをするクモだとしますね。

そうしたら，そのいろいろな理由をたどっていくと，どこにつながっているのでしょうか。クモがお坊さんの心から出てきていたように，みなさんの心につながっているのではないでしょうか。みなさん自身の，勉強をやりたくないという心が，そういういろいろな理由になって現れてくるのです。

つまり，**みなさんの勉強をやりたくないという心が，いろんな理由となってみなさんの前に現れる**のです。

ということは，みなさんの心が強ければ，クモは現れません。**がんばって勉強をしようと思えば，いろいろな理由は消えてしまうもの**です。

勉強がおもしろくないなあと思うのは，結局は自分の心の問題だということですね。

2学期は，勉強にも運動にも落ち着いて取り組めるときです。

みなさんが自分の心を強くもって，みなさんの心のクモを追い払い，勉強にも運動にも大きな力を発揮することを校長先生は心から期待しています。

がんばってくださいね。

【参考文献】
横山験也『恥をかかない！小学生の行儀作法』（PHPエディターズ・グループ）

2学期始業式

続けることに
大きな意味がある

どんなに簡単なことでも，それを毎日続けるのは大変なことです。毎日続けると大きな成果があるとわかっていても，なかなか続けられません。それを強い意志でやり遂げた人物のエピソードを熱く語り，子どもたちに続ける勇気を与えます。

　みなさん，おはようございます。
　42日間の夏休みが終わって，今日から第2学期が始まりましたね。みなさんの元気な姿を久しぶりに見ることができて，校長先生もとってもうれしく思います。
　今年の夏休みはとっても暑かったですね。みなさんが楽しみにしている夏休みのプール開放も，あまりの暑さで何日か中止しなければならなかったほどです。でも，そんな大変な夏休みにも，みなさんからの悲しい事故の知らせが1つもなかったことが，校長先生には一番うれしいことでした。みなさんが，担任の先生との約束をしっかり守って，安全に過ごしてくれたからだと思います。どうもありがとう。

　ところで，みなさん今日学校に来て，校庭を見て，何か気がつきませんでしたか？　気がついた人，手をあげてみてください。ああ，たくさんの人が気がつきましたね。そうです，みなさんが休み時間に楽しく遊んでいる校庭の遊具の色が，とっても明るくカラフルになっていたと思います。
　これは，夏休みの最後の土曜日に，みなさんのお父さんお母さんと先生方が一緒になって，ボランティア活動をしてくれたおかげなんです。みなさんでは手が届かない天井や高い棚をきれいにしたり，窓ガラスをきれに拭いたり，校庭の遊具にペンキを塗り直したりしてくださいました。

暑い中，汗びっしょりになって，みなさんが気持ちよく２学期が迎えられるように，一生懸命に仕事をしてくださいました。教室に帰ったら，天井や窓をよく見てみてくださいね。校庭で遊ぶときにも遊具をよく見てください。またお父さんお母さんへの感謝の気持ちも忘れないようにしましょう。

　さて，１学期よりもちょっと長い２学期には，たくさんの行事が予定されていますね。高学年のみなさんは，２学期にどんな行事が予定されているか，だいたいわかると思います。でも，１年生は知りませんね。２年生，３年生もよく覚えていないかもしれません。
　そこで，２学期に予定されている行事を少し紹介しておきましょう。
　まず，運動会がありますね。１年生のみなさんも，幼稚園や保育園で運動会をしてきたと思いますが，小学校でも運動会をやります。２年生，３年生は去年の運動会を覚えている人もいるかもしれません。今年もまた，走ったりダンスをしたりおうちの方とお弁当を食べたりしますよ。もう少し経つと運動会の練習も始まりますから，がんばりましょうね。
　運動会が終わると，今度は学習発表会があります。みなさんが学校で勉強をしたことを，おうちの方や地域の方に見てもらう会ですね。歌ったり楽器を演奏したり劇をしたりして，毎日の勉強の様子を立派に発表してくださいね。運動会が終わって少し経つと，少しずつ練習が始まりますからね。
　それから，みんなが楽しみにしている校外学習もありますね。バスに乗っていろいろなところに勉強に出かけます。１年と２年生は動物園かな。３年生はお菓子工場，４年生は織物体験，５年生は自動車工場，６年生は国会議事堂ですね。今から楽しみにしていてください。
　この３つの他にもいろいろな行事がありますので，担任の先生のお話をよく聞いて，一生懸命取り組んでくださいね。

　ところで，そのようないろいろな行事はもちろんですが，その他に２学期みなさんにがんばってほしいことが１つあります。これは校長先生からのお

願いです。それは何かというと，**何か１つ長く続けられることを見つけて，それを長く続けてほしい**ということです。

　例えば，毎日20分間読書をするとか，毎日５つの漢字を練習するとか，毎日家の玄関の掃除をするとか，毎日３回以上手をあげてみるとかということです。続けることは特別なことでなくてかまいません。

　どうしてそういうことをお願いするかというと，１つのことをやり続けると，いいことがたくさんあるからです。まず，生活がきちんとしてきます。それから根気強くがんばれるようになります。それから，続けていることがとっても上手になります。そして，そういうことが他の勉強や運動にもよい結果となって表れてきます。

　自動車のタイヤとか部品を売っているイエローハットというお店をつくった，鍵山秀三郎さんという方のお話をしますね。

　鍵山さんは若いころ勤めた会社で，働いている人の言葉づかいやお客さんへの態度がよくないので，嫌な思いをしていたそうです。いつも辞めたいと思っていたのですが，そんな中で自分にできることはないかと考え，掃除をしようと思い立ちました。まわりがきれいになれば，雰囲気もよくなるのではないかと考えたのです。

　でも，掃除をしていると，それで社長のご機嫌とりをしていると思われ，いじめられたりしたそうです。鍵山さんはそれに負けずにずっと掃除を続けましたが，みんなにわかってもらえるまで４年もかかったそうです。

　その後鍵山さんは会社をつくって社長になりますが，社員の態度はやっぱりよくなかったそうです。鍵山さんはそこでもトイレ掃除を続けたそうですが，トイレ掃除しかしない社長だとバカにする社員もいたそうです。会社はなかなかうまくいかず，鍵山さんはずいぶんと苦労しましたが，**トイレ掃除だけはやめずにずっと続けた**のだそうです。

　それが少しずつ社員の気持ちを変えていきました。また，社長の考えに合わない社員はやめていきました。そして，社長の気持ちが通じる社員だけが

残ったのだそうです。

　やがて，社員が自主的に掃除をするようになりました。しかも，会社の中だけでなく，近所の掃除もするようになります。そうすると「あの会社は掃除をよくやる会社だ」と評判になりました。評判になると社員もうれしいのでがんばって働くようになり，会社の雰囲気も売り上げもどんどんよくなっていったそうです。

　鍵山さんは，**だれにでもできる平凡なことを，だれにもできないくらい徹底して続けたのです。何でもない平凡なこと，だれにでもできる簡単なことでも，だれにもできないくらい長く続けるとすばらしいことが起こる**のです。それくらい，「続ける」という行動には大きな意味と効果があるのですね。

　みなさんの中にも１つのことをなかなか続けられない人がいると思います。続けるか続けないかの分かれ道は，そのときにそれをやるかやらないかだけです。やればできること，それをやるべきときに強い意志でやることです。

　この２学期には，ぜひ何か１つ続けたいことを決めて，続けてみてください。長く続けられると，みなさんにとってすばらしい成果が上がるのではないかと思います。

　校長先生も期待していますよ。

【参考文献】
鍵山秀三郎『凡事徹底』（致知出版社）

> 社会科見学

一流の仕事は人を感動させる

子どもたちは学級や学校のためにいろいろな仕事をします。どんな仕事をするにもただやるか最高を目指してやるかで，取り組む意欲が変わります。社会科見学で一流の人の仕事を見てこようと子どもたちに伝え，仕事に対する意欲を高めます。

　明日はみなさんが楽しみにしていた社会科見学ですね。5年生はどこを見学することになっていますか。自動車工場ですね。
　社会科見学は，バスの中でのレクリエーションとかお弁当の時間とか，昼休みの自由時間とか，そういう時間にクラスの友だちとおしゃべりをしたり遊んだりして思い出をつくるのも目的の1つです。
　それから，学校の外で，きちんとしたあいさつをしたり時間を守ったり，安全に行動したりすることを，実地に体験することも目的の1つです。
　そして，自動車工場でどんなふうに自動車がつくられるのか，どんな仕組みになっているのか，働く人の様子はどうかなど，社会科で学習したことを確かめたうえで，もっと調べてみたいことを探してきたりすることもとても大事な目的の1つです。
　せっかく，実際の職場にお邪魔するのですから，今日は一流の方々の仕事のしかたをよく見て来てください。一流の仕事とはどういうものか，一流の方々はどんな気持ちで仕事に向かっているのか，そういうことを学ぶことで日頃のみなさんの係活動や委員会活動がもっともっと充実したものになると思います。

　それで，一流の人の仕事について1つお話をします。
　これは，ある会社の社長さんのお話です。その方は日本中でいろいろな人

にお話をすることが多い方で，あるとき，岩手県にお話に行ったそうです。

　会場に一番近い駅まで電車で行って，そこから会場までタクシーに乗りました。

　普通のタクシーは扉が自動で開きますね。ところが，そのタクシーは運転手さんがわざわざ降りてきて，後ろのドアを開け，にっこり笑いながら

「ご乗車ありがとうございます！」

と言って，丁寧にお辞儀をしたそうです。

　社長さんはそれを見てとても気持ちがよくなったそうです。運転もすばらしく上手で，信号が黄色になりそうなタイミングで「止まりましょうか」と声をかけたり，大きなカーブを曲がるときにも片足で立っていられるくらいスムーズに曲がるのだそうです。

　社長さんは運転手さんの対応に感激して，どうしてそんなに丁寧に対応するのかを聞いてみました。すると，運転手さんは**「自分は日本一の運転手を目指して，毎日サービスの向上に努めている」**と話してくれたそうです。

　このお話は，**どんな仕事でも一流を目指して取り組むと，人を感動させることができる**のだということを教えてくれていると思います。また，そういう気持ちで取り組むことで，自分の仕事の結果もすばらしいものになっていくのだと思います。

　どんな職場にも，この運転手さんのように一流を目指して努力している人が必ずいるものです。せっかく実際の職場に見学に行くのですから，このタクシーの運転手さんのような，一流の仕事をしている人を探してみてはどうでしょうか。

　そういう方の仕事ぶりを見ることが，みなさんが学級や委員会の仕事をするときに生きるのではないかと校長先生は思います。

　有意義な社会科見学になることを期待しています。

【参考】
福島正伸氏講演会での話

運動会

負けても優勝

運動会というと，どうしても総合優勝にこだわってしまい，負けるとがっかりして運動会の意義を体験できない子も出てきます。運動会前に子どもたちに，勝ち負けにあまりとらわれず，精一杯の気持ちよい演技や競技をしてほしいという気持ちを伝えるように語ります。

　今日はみなさんが待ちに待った運動会です。
　赤組も白組も，今までの練習の成果を存分に発揮して，一生懸命に競技し演技をしてください。

　運動会では，どちらのチームも優勝を目指しますね。
　ところで，みなさんは優勝の意味を知っていますか。
　優勝という言葉は「**優勝劣敗**」という四字熟語の一部です。
　優れたものが勝ち残り，優れていないものが敗れ去るという意味です。

　運動会ではいろいろな勝負が行われますね。
　そして勝負には勝ち負けがつきものです。
　必ず，どちらかが勝ってどちらかが負けます。
　でも，その勝ち負けの中には「**負けは負けでも立派な負け**」という負けがあります。
　負けたとしても，全力を出し切って，一生懸命にやって，負けとわかっても潔くさわやかに，勝ったチームを讃える。
　そんな負け方をすることができたら，それはもう立派な負けと言っていいでしょう。
　たとえ負けたとしても立派な負けならば，それは優れたものだと考えるこ

とができます。

　優勝劣敗という言葉で言えば，それはたとえ負けたとしても，優れたものとして残っていくものです。

　つまり優勝です。負けても優勝なのです。

　反対に，勝ちは勝ちでも恥ずかしい勝ちというものもあります。

　勝ったとしても，ふざけていて本気を出さなかったり，勝負の後で礼儀正しくなかったり，負けたチームの健闘を讃えなかったりしたら，それは恥ずかしい勝ちと言っていいでしょう。

　優勝劣敗という言葉で言えば，それはたとえ勝ったとしても，優れていないものとして忘れられていくのです。

　今日はぜひ，みなさんには，勝ちは勝ちでも立派な勝ち，負けは負けでも立派な負けを目指してもらいたいと思います。

　そして全員が，「優勝」を手にしてください。
　楽しみにしています。

学校公開日

雨の日の水やり

子どもたちには思いやりのあるやさしい子になってほしいと、多くの保護者が思っています。保護者がたくさん来校する学校公開日に、思いやりあふれるエピソードを話し、そんな子に育つことを願って教育にあたりますと伝えます。

　本日はお忙しいところおいでくださいまして、ありがとうございます。本校の校長の〇〇〇〇です。日頃より、本校の教育に対しまして、深いご理解とご協力を賜り、深く御礼を申し上げます。

　せっかくの機会ですので、本校の教育につきまして少しだけお話をさせていただきたいと思いますので、どうぞよろしくお願いいたします。

　本日はご案内の通り、午前中は各学級の時間割に沿った授業をご覧いただきました。そして、5時間目は全校一斉に道徳の授業をご覧いただきました。

　みなさんもご存じの通り、道徳教育は現在大きな転換期に来ております。本校でも、今までの道徳授業から「考え、議論する道徳」授業に転換を図っているところであります。そこで、本日は保護者の皆様に、そのような道徳授業をご覧いただいたわけであります。

　とはいえ、今までの道徳が「特別の教科道徳」になりましても、子どもたちに理解させたい道徳的価値が大きく変わるものではありません。いつの時代も、保護者のみなさんの大きな願いの1つは、子どもたちに思いやりのあふれるやさしい子に育ってほしいというものだと思います。それは我々教員も同じです。

　その思いやりにまつわる、ちょっといいお話をご紹介したいと思います。
　ある方が外国を旅行していたときのお話です。ある日、小さな高原の村に

歩いて行きました。その日は雨がしとしと降っていたそうです。

　小さな村でしたが，街はよく整備されてとてもきれいでした。その方はそのきれいな街の風景を楽しみながら歩いていたそうです。

　雨が降っているので外を歩いている人は少なかったそうですが，ふと見ると，遠くの道ばたに1人のおじいさんが立って何かをしています。だんだんと近づいていくと，おじいさんが何をしているのかがわかりました。おじいさんは，家の前につくられた花壇の花に水をやっていたのです。

　雨が降っているのに花壇の花に水をやっている。

　その方はちょっとおかしくなりました。そこでおじいさんのそばを通ったときに，おじいさんに声をかけたそうです。

「おじいさん，雨が降っていますよ」

「ああ，降っているね」

「雨が降っているのに花に水をやっても意味がないんじゃないですか？」

　するとおじいさんは，花に水をやる手を止めずに，その方にこう言ったのです。

「わしは，花に心をやっているのだよ。雨が降っているかいないかは問題ではないのだ」

　その方は，おじいさんの言葉を聞いて，はっと思いました。そして自分がおじいさんにかけた言葉が恥ずかしくなり，おじいさんにお礼を言って，その場を立ち去ったそうです。

　こんな素敵な思いやりの心が，どの子の心の中にも育ってくれたらすばらしいと思います。そうなることを願いながら，これからも職員一丸となって子どもたちのために努力してまいります。

　保護者のみなさんには，どうぞこれまでと変わらぬご理解とご協力を賜りますようお願い申し上げまして，ごあいさつといたします。

演劇鑑賞会

つらい，苦しい姿勢ほど美しく見える

発表会の練習をしていると，最初は気持ちが入っていて一生懸命にやっていますが，そのうちに意欲が下がってきて，ちょっと大変なところで手を抜いてしまいがちです。プロの演技を見る機会に，手を抜かない本気の演技に着目させて自分を振り返らせます。

　今日は，みなさんが楽しみにしていた演劇鑑賞会です。「○○座」の方たちが「○○○○」を演じてくださいます。どんなお話なのか，校長先生も今からわくわくしています。

　ところで，今日はせっかく劇団の方が演技を見せてくださいますので，劇を楽しむのはもちろんのことですが，みなさんがこれから舞台で発表をしたり，演技をしたりするうえで大切なことを勉強する機会にもしたいですね。ぜひ，劇団の方の演技をよく見て，1つでも2つでも学んでください。

　例えば，よい発表やよい演技にするためには，精一杯やらなければなりませんが，精一杯やるというのは疲れるものですね。疲れてくると，だんだんとやる気もなくなってしまい，精一杯やらなくなることがあります。実は，そういうのは演技にすぐに表れるようです。見ていてきれいではなくなってくるのですね。

　校長先生は今から20年以上前に，先生たちの勉強会で日本舞踊の先生のお話を聞いたことがあるのですけど，そのときのお話を聞いてください。日本舞踊というのは日本の踊りのことです。

　お話の中で，姿勢や動きや目線の話になったのですが，そのとき先生が，
「みなさんも一緒にやってみましょう」
と言うので，参加者がみんなである動きをしたことがあります。

どういう動きだったかというと，手ぬぐいを広げて，頭の上で賞状をもらっているようにして持ちます。それで，少し腰を落として，手ぬぐいの下からのぞくようにして向こうを見るというものです。
　時間にすると2秒くらいの動きだったのですが，先生の動きはとっても滑らかで見ていて美しいのですね。でも，自分でやってみると全然できないことがわかります。
　それで何度も何度もその動きを練習していたのですが，腰をちょっと落として腕を上げているので，何度も練習をしているうちに，腕と腰が痛くなってくるのです。痛くなってくると，ちゃんとした姿勢をとるのが苦しいので少しずつ膝が伸び，腰が伸び，腕が伸び，腕が下がってくるのですね。
　その様子を見て，踊りの先生がこんなことを言いました。
　「この姿勢をとっていると，膝や腰や腕がちょっとつらいですね。でも，**つらい姿勢，苦しい姿勢をしているときほど見ている方には美しく見えるんです**」

　このときの先生の「自分がつらい姿勢で演じていると，見ている人には美しく見える」という言葉が，とっても印象的だったので，校長先生は今でもよく覚えています。
　今日は，演劇を専門にしている劇団の方の演技を生で見るチャンスですね。**劇団の方が，動きの大変なところでも，姿勢のつらいところでも，大変さやつらさから逃げないで，いつも精一杯演技をしているところをよく見てくださいね。**
　そして，自分が舞台で発表したり演じたりするときに参考にすることができたら，今日の演劇鑑賞会がますますすばらしいものになると思います。
　それでは，演劇を楽しみましょう。

2学期終業式

「形」は大事

外見よりも中身が大事だとよく言われますから，ともすると外側や形式を軽く見ることがあります。しかし，形式は内容を支える重要な役割があり，形式を整えることが中身の充実につながります。伝統行事を控えたこの時期に，形式のよさも伝えておきたいものです。

　おはようございます。今日で2学期も最後ですね。みなさんにとってはどんな2学期だったでしょうか。
　今日ははじめに，校長先生の心に残っているみなさんの姿を紹介しながら，2学期を振り返ってみたいと思います。
　まず，みなさん全員のことで心に残っていることは掃除です。今年は6年生を中心に「無言清掃」に取り組んできましたが，黙って掃除に取り組む態度が2学期になってますます磨かれてきました。掃除の時間に一言もお話の声が聞こえない日が何日もありました。一人ひとりが無言清掃の名人になれたと思います。
　次に，1，2年生の姿で心に残っていることがあります。それは，1年生と2年生で一緒に行ったぶどう狩りのことです。校長先生も一緒に行きましたね。ぶどう狩りでは1年生と2年生が一緒の班になって活動しましたが，2年生が1年生のぶどう狩りを手伝ってあげたり，荷物を持ってあげたりしていました。1年生はそんな2年生にちゃんと「ありがとう」を言って，とっても仲良く活動することができましたね。仲のいい1，2年生の姿を見て，校長先生も安心しました。
　3年生と4年生の姿で心に残っているのは，運動会でのダンスです。今年ははじめて，3年生と4年生が一緒にダンスをしましたね。いつもは別々に踊っていたのでどんな感じになるのか少し心配をしていましたが，当日はと

ってもすばらしい踊りを見せてもらいました。実はそれ以上に校長先生の心に残っているのは，練習のときのみなさんの姿です。グループで練習をする時間には，4年生が3年生に何度も教えてあげていましたね。3年生も真剣な顔で4年生の話を聞いていました。お互いに協力する姿を見て，校長先生も胸が熱くなりました。

　5年生の姿で心に残っているのは，稲刈りです。○○小の田んぼをずっと管理して，みなさんの稲づくりを手伝ってくれている大山さんが，5年生の取組をとてもほめていました。大山さんはいつもほめてくださいますが，今年の5年生はさらにすばらしいとおっしゃっていました。特に大山さんが稲刈りについて説明をしているときの聞く態度がすばらしかったそうです。一人ひとりが大山さんの方に顔を向けて，うなずきながら真剣に話を聞いてくれたので，とっても話しやすかったそうです。それを見ていた校長先生も同じような感想をもちましたよ。

　6年生の姿で心に残っているのは，何と言っても運動会での活躍です。競技や演技はもちろんですが，6年生のみなさんの係活動があまりにもすばらしいので，感動しました。どの係の子も，移動のときはきびきびと走って移動していましたね。先生方に何か指示をされるたびに「はいっ」という立派な返事ができていて，その返事はテントの下で参観されていたご来賓のみなさんのところにもよく聞こえてきて，来賓の方々がしきりに感心していました。運動会の種目よりも，6年生の活動を見るのが楽しみだとおっしゃっていた方もいましたよ。校長先生も大変頼もしく思いました。

　こんなふうに1年生から6年生それぞれが，たくさん成長することができた2学期でしたね。

　さて，今度はみなさん一人ひとりに2学期を振り返ってもらいたいと思います。何を振り返ってほしいかというと**「形」**についてです。
　形って何って思っていますよね。少し説明をしますね。
　みなさんは「外側よりも中身が大事だよ」という言葉を，読んだり聞いた

り言われたりしたことがあると思います。それはその通りで大事なことです。でも，本当は，中身が大事なのはもちろんですが，外側も大事です。形とはこの外側のことです。

　外側がきちんとしてくると，いつの間にか中身もきちんとしてくるのです。ですから，中身をきちんとするためには形をきちんとすることもとても大事なことなのです。

　昔，プロ野球のチームで東映ファイターズというチームがありました。あまり強くないチームだったのですが，水原茂という人が監督になったら，めきめきと力をつけて，２年目にはなんと優勝してしまったんですね。
　いったい水原監督はどんなやり方で優勝したのでしょうか。きっと効果的な練習方法を考えたのだと思いますが，そういう練習とは別に水原監督はとてもおもしろいことをしたのです。
　１つは，**ユニフォームのデザインを変えた**ことでした。そのころとっても強かったジャイアンツのユニフォームに似ている，かっこいいデザインに変えたのです。それからもう１つ，**試合会場まで移動するのに使う列車を一等車という高級な座席にした**そうです。
　もちろん，ユニフォームを変えたり一等車にしたりしたから優勝したのではありませんよ。でも，それまでファイターズの選手たちは，知らないうちに「どうせ自分たちは弱いんだ」と思っていたのです。それが，強いジャイアンツと似ているユニフォームになり，ファンからも注目されるようになりました。一等車で移動するのでますます注目されます。そうなると，選手たちは今までとは違ってやる気が出るんですね。
　水原監督は，「おれたちはどうせ弱い」という選手たちの思いを変えるために「形から入る」ことを実践してみたのです。やる気が出れば，もともと力のないチームだというわけではありませんから，どんどんとよい方向に向かい，ついに優勝までしてしまったというわけですね。

こんなふうに，実は**人は見た目でやる気が上がることがあります**。ですから，見た目や形を振り返ってみることはとても大切なことです。

そこで，みなさんの2学期を振り返ってみましょう。

まず，服装や持ち物はどうだったでしょうか。きちんとした服装で過ごせましたか。学校に行くのに関係のないものは持って来ませんでしたか。

姿勢はどうだったでしょう。授業中はよい姿勢で座れましたか。立った姿勢もきちんとしていましたか。

顔の表情はどうだったでしょうか。いつも明るくやる気のある表情でいられたでしょうか。

返事やあいさつやお辞儀も形の1つです。はきはきとした返事やあいさつ，きちんとしたお辞儀ができましたか。

ぜひそういうことを，教室で振り返ってみてくださいね。

ところで，明日から冬休みが始まりますが，冬休みの間には日本の伝統的な行事や文化に触れる機会がたくさんありますね。大掃除，大晦日，除夜の鐘，お正月，初日の出，初夢，みんなが楽しみなお年玉，初詣，書き初め，たこ揚げ，松飾り，七草がゆ，などの言葉を聞いたこともあるでしょう。

冬休みにはぜひ，そのような日本の伝統的な文化や行事に触れてみてください。文化や伝統行事には，今話したような「形」が大切にされて残っています。例えば，除夜の鐘は108回と決まっています。お正月に食べるお節料理も種類が決まっています。お供えのお餅も形が決まっています。

そういうものに触れて，形のよさやすばらしさがわかると，それが毎日の生活にも生きてくるのではないかと思います。

形のよさを冬休みの間に学んで，それが3学期の生活に生かせるようになると，ますますすばらしい( )( )小学校になると思います。

ではみなさん，3学期も元気に会いましょう。

【参考】
テレビ番組『知ってるつもり⁈』1993年6月20日放送

3学期始業式

いつでも新鮮な気持ちで

新たな気持ちでスタートを切る場面が学校生活には何度かあります。3学期の始業式は、新年を迎えてからの最初の学期でもあり、世の中が新進の気分にあふれています。そんなときに、心新たに生活していこうとする気持ちが高まるような話をします。

　おはようございます。あけましておめでとうございます。
　今日から3学期が始まりました。みなさんの元気なあいさつを久しぶりに聞いたり、明るい笑顔を久しぶりに見たりすることができて、とってもうれしく思います。また、一緒に楽しく充実した学校生活になるようにがんばっていきましょう。

　さて、新年を迎えて、冬休み中に何かめあてを立てた人、手をあげてごらんなさい。そうですか。たくさんの人が新年のめあてを立てたようですね。めあてをもつことはとても立派なことです。まだ、めあてを立ててない人も、新しい年を迎えたこの時期は、めあてを立てるのに最も適した時期の1つですから、ぜひ何かめあてを立てるといいでしょう。
　ところで、めあてを立てた人は、どのようなめあてを立てたでしょうか。今年は友だちをたくさんつくれるようにがんばってみようとか、家のお手伝いをたくさんしてみようとか、自主学習を毎日やってみようとか、それぞれの目標に向かって、少しずつでもいいですから進んでいきましょう。
　3学期は1学期や2学期と比べると、学校に来る日はずっと少なくなります。ですから、ちょっと油断しているとあっという間に終わってしまいます。そうならないように計画的に過ごしていきましょう。3学期にも大事な行事がいくつかありますよ。まず、1、2年生はすぐに大根の漬け物づくりがあ

りますね。近所の農家の大山さんがいらして，とってもおいしい大根の漬け物を教えてくださいます。校長先生も毎年，1，2年生の漬ける大根をいただくのが楽しみです。

　3年生，4年生は，地域のお祭りの「寒中祭」の学習がありますね。お祭りの歴史を調べたり，実際にお祭りの準備をしているお宅に行って話を聞いたり，お手伝いをしたりします。そして，最後は地域のお祭りに一緒になって参加しますね。今から楽しみにしていてくださいね。

　5年生は3学期は大きく成長する時期です。6年生にかわっていろいろな行事で力を発揮するときですね。6年生を送る会の計画を立てたり，準備をしたり運営をしたりします。卒業式の会場をつくったり，在校生のリーダーとなって6年生のためにプレゼントを企画したり実行したりします。大忙しの3学期，でも大きく成長できる3学期です。期待していますよ。

　そして6年生は，卒業まであと2か月と少しになりました。6年生の小学校生活の最後の学期ですね。みなさんの大きなめあては立派な6年生として卒業していくことです。毎日そのことを試されています。それだけ毎日成長することもできます。卒業するその瞬間まで，自分の生活を見直してすばらしい卒業式を迎えてくださいね。

　さてみなさん。新しい年，新しい学期を迎え，新しいめあてを立ててこれから生活をしていくわけですが，それはまた新しい自分というものをつくることでもあります。今までの自分を振り返って，よくできているところはさらに伸ばし，十分にできていなかったところは改善して，よりよい自分，新しい自分をつくっていきましょう。

　でも，それは簡単なことではありません。変わるというのは難しいことだからです。どうしても人は今まで通りにやりたくなってしまうものです。それはその方がいろいろ考えたり失敗したりしなくて済むからです。今まで通りの方が楽だからです。みなさんが立派なめあてを立てても，それがなかなか実行できない理由はそこにあります。めあてを実行するということは，今

までとは違うやり方をするということだからです。
　ということは，**めあてを達成するためには，今まで通りにやりたいという気持ちを捨てて，新しい気持ちで挑戦するという心がけが大切だということ**になります。そういう気持ち，そういう決断，そういう行動ができるかどうかが鍵とも言えるでしょう。

　もう亡くなってしまいましたが，小沢道雄さんというお坊様がいました。小沢さんは2本の足のどちらもひざから下がなかったので「足なし禅師」と呼ばれていました。禅師というのは，立派なお坊様を尊敬してこう呼びます。
　小沢さんは戦争に行っていましたが，戦争に負けてシベリアというすごく寒いところで働かされました。ある日逃げようとした仲間を止めようとして，見張りの兵隊に撃たれてしまいました。傷を治すために病院に運ばれましたが，マイナス何十度という寒さの中で貨物列車に乗せられていったため，両足が寒さで凍傷になってしまい，膝から下を切り離すしか治療ができなかったのです。
　小沢さんはその後命がけで日本の家族のもとに帰ってきました。しかし，日本での生活も大変でした。家族が食べるために必死に働いているのに，自分は何もできなかったからです。何度も死んでしまいたいと思ったそうです。観音様に祈ったり，お経を何度も唱えたりしましたが，何も変わりませんでした。
　しかしあるときひらめきました。**27年前に生まれたことをやめにして，今日生まれたことにすれば，両足がないまま生まれたことになるのだから，一切がまっさらで文句はないだろうと思えばよい**，ということをです。
　そして，「微笑を絶やさない」「人の話を素直に聞く」「親切にする」「絶対に怒らない」という4つを心に誓ったそうです。
　こうして小沢さんは，最後は岐阜県のお寺の住職さんになり，58年の生涯を終えました。

小沢さんはたぶん何度も，腕や足がちゃんと動いていればよかったと思ったでしょうね。でも，いつまで考えていても，腕や足が動くことはありません。そう自分に言い聞かせるために，「本日ただいま誕生」というすごい考え方を自分で発明したわけです。

　腕や足がちゃんと動いていればよかったと考えているうちは，小沢さんは変わることはできなかったと思います。「本日ただいま誕生」と考えて，本当に新しい気持ちになったときに変わることができたのではないでしょうか。

　小沢さんと私たちを簡単に比べることはできませんが，小沢さんが「自分はたった今生まれたんだ，ここがスタートなんだ」と思って，昔のことはきれいさっぱり忘れて新しい道を求めたことは，参考にすることができるのではないかと思います。

　みなさんが，新しい年を迎えるにあたって，自分のめあてを立ててがんばろうと思っていることは，大変立派なことです。みなさんが少しでもそのめあてに近づくことができるよう，自分は今日生まれたというフレッシュな気持ちで，今から努力してみてはいかがでしょうか。そうすることで，自分の力も心もどんどんと伸びていくのではないかと校長先生は思いますよ。

　みなさんが，この3学期を有意義なものにすることを期待しています。

【参考文献】
小沢道雄『本日ただいま誕生』（光雲社）

3学期始業式

「もしもそうなったら」と考えて準備に臨む

準備と練習の大切さは誰もがわかっています。しかし，時間も手間もかかり，ついおろそかにしてしまいがちです。準備をして臨むか否かで結果は違ってきます。新しい年の始まりに際して，よい結果をめざしてきちんと準備をすることの大切さを伝えます。

　おはようございます。あけましておめでとうございます。新しい年が始まり，そして今日から，新しい学期が始まります。心機一転，気持ちを新たにして生活していきましょう。

　3学期は，この1年間をまとめる時期だと言われます。では，1年間をまとめるとは何をすることでしょうか。人によっていろいろな考え方があると思いますが，校長先生は次のように考えています。

　まず，この1年間でどんなことを勉強したのか思い出すことです。国語や算数はもちろんですが，図工や体育でどんなことを勉強したかを思い出しましょう。どうですか。今，いくつか思い出せますか。思い出したら，その中で自分なりによくできたなと思う単元と，ちょっと苦手だったなと思う単元を選んでみます。そして，ここは苦手だったなという単元の復習をしておくとよいでしょう。

　次は，勉強以外のこと，例えばいろいろな行事とか学級での生活とか，お友だちとの触れ合いとかで，どんなことがあったかなと思い出すことです。どうですか。いろいろなことが思い出されるのではないかと思います。そうしたら，やっぱり勉強のときと同じように，その中で自分なりによくできたな，がんばったな，楽しかったなと思うことと，ちょっと苦手だったなと思うことを選んでみます。そして，苦手だったなと思うことについて，来年はこんなふうにがんばってみようと考えておくとよいでしょう。

それからもう1つは，1年前の自分と今の自分とを比べて，どんなところが成長しているかを考えることです。みなさんは1年前と比べると，体も大きくなりましたし，いろいろなことを学んで知識も増えました。学校での仕事も増えたかもしれませんね。お友だちが増えた人もいるでしょう。今までできなかったことができるようになった人，今までもできたけれどももっと上手にできるようになった人もいるでしょうね。そういうことを一つひとつ思い出してみましょう。そして，来年はこういうこともできるようになりたいな，これをもっと上手にできるようにしたいな，ということを考えておくとよいと思います。

　このように，勉強を振り返ったり，生活を振り返ったり，成長を振り返ったりすることが，1年間をまとめるということだと思います。

　では，どうして1年間のまとめをするのでしょうか。

　それは，この3学期が次の学年につなげていくための準備のときでもあるからです。3月で3学期が終わり，4月になると6年生は中学生になりますね。1年生から5年生までの人たちは，1つ学年が上がって，1年生は2年生に，5年生は6年生になります。

　何もしなくても2年生になれますし，6年生にもなれます。しかし，きちんと準備をして2年生や6年生になった人と，何も準備をしないで2年生や6年生になった人とでは，なってからの生活に違いがあると校長先生は思います。

　この3学期に1年間のまとめをきちんとして，来年はこういうところをがんばってみようと思っている人は，準備のできている人です。そういう人は，新しい学年になったときに自分ががんばることがはっきりしているので，めあてをもって行動することができるでしょう。何をするにも準備をして臨むと，いい結果が出やすいのだと思います。

　準備の大切さについて，お話を1つしますね。

もう今から20年くらい前の話です。阪神タイガースというプロ野球のチームに新庄剛志という選手がいました。おもしろいことを言ったりやったりするので，とても人気のある選手でした。また人気だけでなく，アメリカのプロ野球チームで4番を打ったこともある，実力のある選手でした。
　その新庄選手のいる阪神が巨人と戦ったときのことです。試合は，4対4の同点のまま延長戦になりました。延長12回裏の阪神の攻撃です。1塁と3塁にランナーがいました。ヒットが出ればサヨナラ勝ちという場面です。ここに登場したのが新庄選手でした。
　新庄選手はこの日，ホームランも打っていてすごく活躍していました。ですから，巨人は新庄選手に打たれないように，敬遠という作戦をとったのです。敬遠というのは，バッターが打てないほど遠くにボールを投げて，フォアボールにしてしまうことです。阪神の選手も巨人の選手も見ているお客さんも，新庄選手はフォアボールで1塁にいくとだれもが思っていたのです。
　でも，なんと新庄選手は**バットが届かないくらい遠くに投げられた敬遠のボールを，大きく踏み込んで打ったのです**。普通は絶対に打たない敬遠のボールを打ってしまったのです。結果はヒットでした。こうして阪神は巨人にサヨナラ勝ちをしました。
　このシーンを見て，多くの人は，新庄選手がまたおもしろいことをしたと言って，大変盛り上がったんですね。でも，このシーンが生まれたのは偶然ではなかったのです。
　新庄選手は，実はこの何日か前の試合でも敬遠をされていました。そこでコーチに，「今度敬遠されたとき，打てそうだったら打ってもいいですか」と聞いたのです。そして「もしも打っていいなら，帽子を2回取って合図してください」とお願いしていたそうです。しかも，バッティングの練習のときにピッチャーに敬遠するようなボールを何球か投げてもらい，それを打つ練習までしていました。
　そうやって準備をしていたところに，あの巨人戦がやってきたわけです。新庄選手はこう考えたそうです。

「敬遠のボールとは言っても，そんなにとんでもなく遠くに投げるわけではない。最初にバッターボックスの一番後ろに立っていれば，バッターから離れたところに投げても，ホームベースからはそんなに遠くにならないはずだ。だから，バッターボックスの一番後ろに立って最初の球は見送ろう」

そう考えて，コーチの方を見ると，コーチが監督と相談した後，帽子を何度も取っていたそうです。このサインを見て，新庄選手は敬遠のボールを打とうと決めました。

そして，1球待って2球目。投げられた球は新庄選手が思っていたよりも遠かったそうですが，右足を前に踏み込み，さらに左足を前に踏み込んで見事にそのボールを打ったのです。

才能とトリッキーな動きで野球をやっているようにとられがちだった新庄選手ですが，準備と練習はきちんとやっていたのですね。もしも新庄選手が，敬遠の球でも打ってやろうと思うだけで，準備をしていなかったとしたら，成功する確率は下がっていたと思います。きちんと準備をしていたからうまくいったのではないでしょうか。

私たちは，どうしても面倒に思って，事前に練習をしたり準備をしたりすることを怠けてしまうことがあります。でも，新庄選手のように，**「もしもそうなったら」という場面に備えて，準備をしたり練習をしたりすることは大切なこと**です。いつでも，準備と練習を忘れない，こういう気持ちで取り組みたいですね。

今日から始まる3学期は，1年間のまとめをすると共に，新しい学校，新しい学年への準備のときでもあります。この1年間をきちんと振り返り，よい準備をして来年に備えましょう。

【参考資料】
「スポニチAnnex」（スポーツニッポン新聞社公式サイト）など

1日入学

失敗した方が伸びる

はじめてお子さんを入学させる保護者にとって，学校は準備するものやきまりが多く，親子ともども失敗しないように過敏になっています。失敗すること，うまくいかないことに臆病になりすぎて，心配を募らせている保護者に，失敗することの大切さを伝えます。

　こんにちは，本校の校長の〇〇でございます。本日は，お忙しい中，1日入学にお越しくださいまして，ありがとうございます。せっかくの機会ですので，本校の教育につきまして，簡単にご説明をさせていただきたいと思います。よろしくお願いいたします。

　本校の教育目標は「力強く自分を開く〇〇っ子」です。これは「やさしい子・かしこい子・たくましい子」ということを表していることでもあります。「やさしい子」とは，命を大切にし，友だちや隣人を思いやり，自然を大切にする子です。「かしこい子」とは，勉強がよくできる子という意味ももちろんありますが，その他に自分の得意なことがある子，自分をよりよく伸ばしていこうとする子ということです。「たくましい子」は，自分の体のことをよく知って，健康のためになることを進んで行える子です。

　また，資料にもあります通り，今年度の重点として次の3つのことに特に力を入れて取り組んでまいります。1つは，学力の向上です。もう1つは，道徳教育の充実です。3つめは，保護者のみなさんや地域のみなさんとの連携です。保護者のみなさんにもいろいろとご協力をいただく機会があると思いますが，改めてどうぞよろしくお願いいたします。

　ところで，みなさんの中には，お子さんをはじめて小学校に上げるという方もいらっしゃると思います。もう2人め，3人めという方も，はじめてお

子さんが小学校に入るときには，不安がたくさんおありだったことと思います。その不安の大きなものは，「失敗したらどうしよう」ということではないでしょうか。

　確かに，失敗に対する不安はあると思いますが，実は失敗するということはとても大事なことです。こんなお話があります。

　ある美術学校で，陶芸の授業がありました。先生が教室にいる学生を，単純に2つのグループに分けました。そして，左側の学生には，君たちの成績は，どれだけたくさんの作品をつくったかによってつけることにしようと言い，反対の右側の学生には，君たちの成績は，でき上がった作品の質がどれくらいいいかによってつけることにしようと言いました。

　さて，どっちのグループの作品が優秀だったと思いますか。結果は何と，優秀な作品は全部，とにかくたくさんの作品をつくったグループから生まれたのだそうです。

　たくさんの作品をつくるグループは，作品をどんどんつくっていく途中で，たくさんの失敗をしたのです。でも，失敗しても失敗してもとにかくたくさんの作品をつくれば成績がよくなるのですから，失敗を気にしないでどんどん作品をつくりました。でも，いくらたくさんつくればいいと言っても，前と同じ失敗はしたくありませんよね。それで，**前に失敗したことから学んでそれを生かし，次につくるときにはよりよいものをつくっていった**そうです。

　この話から，失敗することと失敗してもそこでめげずに，チャレンジを続けることの大切さがわかるのではないでしょうか。

　小学校というところは，この失敗と再チャレンジがいくらでもできるところです。保護者のみなさんもお子さんと一緒にたくさん失敗し，たくさん再チャレンジし，たくさん成長していきましょう。

　どうぞよろしくお願いいたします。

【参考文献】
ジョン・C・マクスウェル『「一勝九敗」の成功法則』（三笠書房）

卒業式

行動する人，
あきらめない人になる

卒業式にあたり，はなむけに２つのことを伝えます。１つは実行することが大切だということ。もう１つは，逆境の中でもめげずに自ら光明を見いだして前を向いてほしいということです。卒業生の輝く未来を願って，心を込めて語りかけます。

　柔らかな春の日差しに，桜のつぼみもふくらみを増した今日の佳き日に，多数のご来賓の皆様，保護者の皆様のご臨席を賜り，このように盛大な卒業式が挙行できますことは，私どものこの上ない喜びであり，心から御礼と感謝を申し上げます。

　さて，本日〇〇小学校を巣立っていく〇〇名の卒業生のみなさん。ご卒業おめでとうございます。みなさんは今６年間の小学校生活を終え，新しい世界に旅立っていこうとしています。

　６年前のことを覚えているでしょうか。ランドセルを背負い，お家の人に手を引かれ，小学校の校門をくぐったあの日のことです。何もかもがはじめてのことで，毎日が新鮮だったことでしょう。それから６年間，みなさんは雨の日も風の日も学校に通い，心も体も大きく成長して今ここにいます。

　特に最後の１年間のみなさんの活躍は目を見張るものがありました。登下校やクラブ活動，委員会活動などでは，高いリーダーシップを発揮して，下級生の安全を守り，また学校生活をよりよくするために働き，最高学年としての責任を立派に果たしてくれました。

　学校行事での活躍もめざましいものでした。運動会の組体操では，たくましく力強く，それでいて調和のとれた演技を披露し，観覧するみなさんに，みんなで団結することのすばらしさを見せてくれました。係活動でのきびきびした動作，返事のすがすがしさも下級生のよいお手本でした。また学習発

表会で演じた「〇〇小学校の100年」では，本校の歴史や行事をわかりやすく劇にして，見事に表現していました。その他にも，市内の水泳大会や相撲大会，合唱コンクールなどでは，一生懸命練習に取り組み，すばらしい成果を上げることができました。みなさんの躍動する姿はいつも〇〇小学校の誇りであり，下級生の目標でした。

そんなすばらしいみなさんも，4月からは中学生になります。そこで，卒業にあたり，みなさんへのはなむけとして，2つのことを伝えておきたいと思います。

1つは，**「行動する人になろう」**ということです。多くの人が自分の目標を決めます。そしてその目標を達成するために，何をすればいいかを考えます。しかし，実際にそれを行う人はとても少ないのです。当たり前の話ですが，実行しなければ何も成し遂げることはできません。どんな小さなことでもいいから実行する人だけが，大きな仕事を成し遂げることができます。

江戸時代に高杉晋作や伊藤博文など優れた人材を多数出した松下村塾という塾がありました。この塾で教えていた吉田松陰が次の言葉を残しています。

「顧(おも)ふに人読まず。 即し読(よ)むとも行なわず」

人は本を読まないものだ，読んだとしてもその内容を実行しないものだ，という意味です。江戸時代から人はなかなか実行しないものだったのです。

さらに，このことは日本だけのことではありません。世界的なアラブ研究者であるビル・ハリスという人は，講演で**「行動する2％になれ」**と，話を聞きに来た人たちに訴えています。これは，アメリカでも本を読んで実際に行動する人は2％しかいないということなのです。反対に言えば，残りの98％の人は，本を読んで，書いてあることがいいことだと思っても行動しないということです。

このように，人はなかなか行動に移すことができないものです。その理由はいろいろあるでしょう。でも，このことを知って，「ああ，やっぱり人は行動するということが苦手なんだな。自分がなかなか行動できないのも仕方

がないことなんだな」と思ってしまっては，正に吉田松陰の言う「読むとも行わ」ない人になっているということです。そうではなくて，**本を読んで実行する人はほんの数％しかいないのか。ならば，自分はその数％の実行する人になろう**」と思うことが，実行する人になるということです。

　何もしない90％以上の人の仲間になるか，読んで実行する数％の仲間になるか，どっちになるかはみなさん自身が決めることです。いいと思ったことは実行し，みなさんも「行動する２％」になってくださいね。

　さて，もう１つ伝えたいことは，**たとえ困難に出会っても決してあきらめずに，その中でよい方法を見つけ，前向きに取り組む人であってほしい**ということです。

　これからみなさんには長い長い人生が待っています。今まで経験したことのない新しい世界，新しい出来事にたくさん巡り会うでしょう。いいこともあればつらいことや苦しいこともたくさんあります。そのつらさや苦しさに負けて進むことをあきらめてしまっては，輝く未来を描くことはできないでしょう。そのつらさや苦しさを乗り越えてほしいと思います。

　昔，西鉄というプロ野球チームに稲尾というピッチャーがいました。すごいピッチャーでした。ファンから神様のように頼りにされていました。

　稲尾は契約金50万円で西鉄に入りましたが，毎日バッティングピッチャーをさせられました。不思議に思っていたある日，その答えがわかります。一緒に西鉄に入ったピッチャーの契約金を知ったのでした。他のピッチャーの契約金は稲尾の10倍，15倍というものでした。

　この契約金の違いを知って稲尾はわかりました。自分はバッティングピッチャーとしてこの球団に雇われたのだな，ということをです。実はピッチャーとして期待されていなかったと知ったとき，稲尾は相当がっかりしたでしょう。しかし，そのとき稲尾ががっかりして落ち込んだままだったら，後に「鉄腕」と呼ばれる伝説のピッチャーは生まれませんでした。

　稲尾はその翌日もバッティングピッチャーでした。でも，そのころの稲尾

には，バッターが練習をしやすいリズムがわかっていました。バッターは3球打ったら1球休むというリズムがよかったのです。そこで，稲尾は**4球のうちの，バッターが打ちたがらない1球だけは，自分のピッチングの練習に使おう**と考えました。

　それから稲尾は，3球は打ちやすい球を投げ，次の1球は自分のねらったところに，自分の練習のためのボールを投げることを続けました。こうして，稲尾は自分のボールに磨きをかけ，「鉄腕」となったのです。

　みなさんもこの稲尾投手のように，つらいとき苦しいときにも，何とかしてそこに道を見つけ，前を向いて進む人になってください。

　以上の2つ，「行動する人になろう」「困難に出会ってもあきらめずに前を向こう」を心にとどめ，みなさんの力を存分に発揮し，よりよい未来を手に入れてください。

　保護者の皆様に一言申し上げます。お子様が今日，立派に小学校を卒業されますことを，職員を代表しまして心よりお祝い申しあげます。小学校卒業という節目を迎えられ，これまでのご苦労も大きな喜びに変わっていることと存じます。この6年間，本校の教育活動に格別のご理解ご協力を賜りましたことを，心より感謝申し上げます。これからも，お子様が健やかにたくましく成長されますようお祈り申し上げます。

　また，ご来賓の皆様にはご多用の中，ご臨席を賜り，衷心よりお礼申しあげます。卒業生に対するこれまでのご厚情と本校教育へのご支援に対して，改めて深く感謝申しあげます。

　名残は尽きませんが，卒業生のみなさんの輝ける未来に幸多からんことをお祈りして，式辞といたします。

【参考文献】
稲尾和久『神様，仏様，稲尾様』（日本経済新聞社）
間川清『1年後に夢をかなえる読書術』（フォレスト出版）

卒業式

まずは強く思う／
心が変われば運命は変わる

卒業式にあたり，はなむけに2つのことを伝えます。1つは何かを成し遂げるには強く思うことが大事だということ。もう1つは，心が変われば運命まで変わるから，心が大事だということです。卒業生の輝く未来を願って，心を込めて語りかけます。

　一雨ごとに暖かさが増し，春の息吹が感じられる今日の佳き日に，多数のご来賓の皆様，保護者の皆様のご臨席を賜り，このように盛大に卒業式が挙行できますことを，まずもって御礼申し上げます。

　さて，本日○○小学校を巣立っていく○○名の卒業生のみなさん。ご卒業おめでとうございます。たくましく立派に成長したみなさんを，本日，無事に卒業させることができるのは，何よりの喜びです。みなさん一人ひとりの返事も堂々としていて頼もしく，私は自信をもって卒業証書を渡すことができました。いつまでも大切にしてください。

　みなさん，6年前のことを覚えていますか？　ランドセルを背負い，おうちの人に手を引かれ，小学校の校門をくぐったあの日です。何もかもがはじめてのことで，毎日が新鮮だったことでしょう。それから6年間，みなさんは雨の日も風の日も学校に通い，心も体も大きく成長して今ここにいます。

　特にこの1年間の活躍はたのもしく，○○小学校のリーダーとして，常に先頭に立ち，心をひとつにしてがんばってくれました。様々な活動を通して，助け合うこと，相手の立場に立って考えること，みんなで高め合うことの大切さを下級生に示してくれました。

　休み時間には学年を問わず仲良く遊び，低学年の子にやさしくしている姿を何度も見ることができました。陸上大会や部活動では，練習のときから真剣に行い，大会でもすばらしい成績を収めることができました。下級生たち

のあこがれでした。運動会で見せた一糸乱れぬ集団演技は，見ている人たちを感動の渦に巻き込みました。鳴り止まなかった拍手が今も耳に残っています。音読発表集会での6年生らしい堂々とした発声，なかよし班活動や朝の登下校での下級生へのいたわりなど，どれもがなつかしく，すばらしい思い出です。みなさんにとっても，きっと心の支えになっていくことでしょう。

　このように，数々のすばらしい思い出を残してくれたみなさんも，4月からは中学生になります。そこで，卒業にあたり，みなさんへのはなむけとして，2つのことを伝えておきたいと思います。

　1つは，**何かを行うときには，まず強く思うこと，強い思いが必要だということ**です。それは「覚悟」と言い換えてもいいかもしれません。絶対にこれをやり遂げよう，何としてもやってやろう，そういう覚悟があると物事は実現しやすくなります。反対に，この覚悟がないと，人は少しの困難であきらめてしまうものです。

　パナソニックという大きな会社をつくった松下幸之助さんという方がいます。もう亡くなっていますが，商売の神様と言われるほど，商売が上手な人でした。その松下さんが，あるときたくさんの社長さんや会社の偉い人の前で，「ダム式経営論」というお話をしたことがありました。

　会社というものは急にお金が必要になったり，急いで仕事をしなくてはならなくなったりすることがあるから，そういうときのために，お金とか優秀な人とかを日頃から蓄えておかなくてはならないよ，という考え方です。

　そうしたら，この話を聞いた人たちは，自分たちはそれができないから苦労しているので，どうしたら資金や人材を蓄えることができるのか，その方法を教えてほしいと言ったそうです。

　すると松下さんは，**ダムがどうしたらできるのか，自分もその方法はよくわからないけれど，まずはダムをつくろうと強く願うことが大切である**ということを答えたそうです。

　このように，何かをやり遂げてみたいと思ったら，実行することはもちろ

第1章　子どもと保護者の心に響く式辞

ん大事なことですが，その前に，強く思うということも大事なことなのです。強く思うことで，そのことについてのいろいろな情報がどんどん入って来ます。それでますます興味がわいて，やる気も出てきます。

　みなさんが，将来こうなりたいとか，こういうことをしたいと思ったら，そうなりたいと強く思う，毎日思う，そういうことをまずしてみてください。紙に書いたり文章にしたりすると，さらに思いが強まります。ぜひ挑戦してみてください。

　さて，もう1つ伝えたいことは，心が変われば運命が変わるということです。次の言葉を聞いたことがあるでしょうか。

心が変われば行動が変わる　　　**行動が変われば習慣が変わる**
習慣が変われば人格が変わる　　**人格が変われば運命が変わる**

　この言葉は，かつてアメリカのプロ野球，メジャーリーグのヤンキースで活躍した松井秀喜選手が，高校時代の野球部の監督の山下先生に教えてもらった言葉です。松井選手はこの言葉を高校生のころから大切にしていました。

　そのヤンキースで中心選手として活躍していた松井選手は，実は2006年に大きなケガをしています。その日の試合でレフトを守っていた松井選手のところに，バッターが打ったボールがフライとなって飛んできました。松井選手のかなり前で落ちそうな勢いのボールでした。松井選手はそのボールをキャッチしようと勢いよく前に走りました。そして，ボールが落ちる寸前にグラブを出して，滑り込んで取ろうとしたのです。

　そのとき，事故が起こりました。差し出したグラブがグラウンドのくぼみに引っかかってしまったんです。松井選手の手首に強い衝撃が加わりました。手首の複雑骨折でした。もう野球ができないかもしれないというくらいのひどい骨折だったそうです。

　でも，幸運なことに手術は成功しました。松井選手は一生懸命にリハビリをして，けがをしてから124日ぶりに，ついに試合に復帰しました。野球場にいるファンは立って拍手をして松井選手を迎えました。

そして迎えた第１打席。なんと，いきなりセンター前にタイムリーヒット。さらに次の打席もヒット，その次もその次も，という具合で，見事４打数４安打だったのです。松井選手の心の強さと技術が本当にすごいということがわかると思います。

心が変われば行動が変わり，習慣が変わり，人格が変わり，運命が変わります。**始まりは心を入れ替えること**です。

みなさんのこれからの長い人生，いろいろな出来事が起こるでしょう。やりたいことが見つかったら，まずそのことを強く思いましょう。うまくいかなかったら心を入れ替えて再チャレンジしましょう。そうして，よりよい未来を手に入れてください。

保護者の皆様に一言申し上げます。お子様が今日，立派に小学校を卒業されますことを，職員を代表しまして心よりお祝い申しあげます。小学校卒業という節目を迎えられ，これまでのご苦労も大きな喜びに変わっていることと存じます。この６年間，本校の教育活動に格別の御理解御協力を賜りましたことを，心より感謝申し上げます。これからも，お子様が健やかにたくましく成長されますようお祈り申し上げます。

また，ご来賓の皆様にはご多用の中，ご臨席を賜り，衷心よりお礼申しあげます。卒業生に対するこれまでのご厚情と本校教育へのご支援に対して，改めて深く感謝申しあげます。今後とも，次代を担う子どもたちの育成のために，温かく，そして厳しくご指導賜りたいと存じます。

名残は尽きませんが，卒業生のみなさんの輝ける未来に幸多からんことをお祈りして，式辞といたします。

【参考文献】
稲盛和夫『稲盛和夫の実学』（日本経済新聞社）
松下茂典『心が変われば　山下智茂・松井秀喜を創った男』（朝日新聞社出版）

> 修了式

0.1mmの紙を30回折ると

「塵も積もれば山となる」ということわざがあるように，積み上げることの大切さは古来より指摘されています。逆を言えば，人はそれがなかなかできません。積み上げることの大切さを，上質紙1枚を折ることの意外性から考えさせます。

　みなさん，おはようございます。今日は修了式です。今日が，今の学年でみなさんが勉強する最後の日です。

　今，一人ひとりに修了証を渡しました。この修了証は，みなさん一人ひとりが1年間よく努力し，頭も身体も，そして心も，全部を立派に磨き上げたことを証明するものです。本当によくがんばりましたね。校長先生もとてもうれしいです。

　今日はお家に帰ったら，お家の人に自信をもって修了証を見せてください。そして，みなさんを1年間支え励ましてくださった家族の方たちに，「1年間ありがとうございました」とお礼を言ってほしいと思います。

　さて，今ここで，少しだけこの1年間を振り返ってみましょう。4月に新しい学年になったことが，ついこの前のように感じられる人もいるのではないでしょうか。過ぎてしまうと，時間が経つのは早く感じられますね。

　この1年間で，みなさんの心や体は大きく成長しました。身長が伸びたでしょう。服のサイズや靴のサイズも少しずつ大きくなったと思います。体が大きくなっただけではなく，1年前にはできなかったことができるようになったり，今まで知らなかったことを知ったり，わからなかった問題がわかるようになりましたね。

　こんなふうに，1年前の自分と比べてみると，自分でびっくりするほど変

わったことが多くあることに気づくと思います。どうしてそのように変われたのでしょうか。それは，みなさんが毎日学校や家庭で，少しずつ運動したり学んだり遊んだりしたからですね。毎日毎日少しずつ積み上げてきたものが，気がついてみると大きなものになっていたというわけです。

　そこで，今日は１年の最後に，みなさんに積み上げることの大切さについてお話をしたいと思います。
　みなさんは「塵も積もれば山となる」ということわざを聞いたことがありますか。このことわざの意味は，塵という小さなゴミのようなものでも，数多く積み重なれば高くて大きなものになるということのたとえです。小さなことでもコツコツと積み上げていくと大きなものになるということですね。何かを成し遂げるためにはとても大切な考え方です。

　ここに厚さが0.1mmの紙があります。0.1mmというのは，１年生２年生にはわからないと思いますが，みなさんが普段使っているノートと同じくらいの厚さの紙だと思ってください。この紙が10枚重なると，１mmになります。
　今，この紙をこのように２つに折って重ねてみます。そうすると，紙２枚分の厚さになりますから，0.2mmになりますね。ではこの紙をもう１回折って重ねると，厚さはいくつになりますか？　そうですね，紙が４枚分になりますから，0.2mmの２倍の0.4mmですね。では，もう１回折るといくつになりますか？　0.4mmの２倍ですから0.8mmですね。そんなに難しい計算ではないと思います。

　それでは，これをどんどん折って重ねていって，30回折ったとしますね。30回折ると厚さはどれくらいになると思いますか。これ，本当は30回も折ることはできませんよ。折ることはできませんから，どれくらいの厚さになるかは，勘で答えてみてください。次の４つのうちのどれに近いでしょうか。

「1　10m」「2　100m」「3　1000m」「4　10000m」

　では手をあげてくださいね。10mだと思う人。100mだと思う人。1000mだと思う人。10000mだと思う人。はい，ありがとうございました。

　じゃあ，答えを言いますね。**この厚さ0.1mmの紙を30回折ると，何と厚さは約107kmにもなります**。一番近い答えは4番の10000mですけれども，実際には10000mの10倍以上です。驚いたでしょう。

　もしもこの紙をもっと折って42回にすると，厚さは地球と月までの距離，約38万kmを超えてしまいます。実際にはそんなに紙を折ることはできませんけれどもね。

　実は，これと似たことが，勉強とか習い事とかにも言えるのではないかと，校長先生は考えています。例えば，AさんとBさんがいて，2人とも野球の練習を5日間するとしますね。

　Aさんは毎日素振りを100回，5日間やったとします。それに対してBさんは4日間は何もせず，5日目に素振りを500回やったとします。

　Aさんは100回の素振りを5日間やりましたから，素振りをした回数は合計500回ですね。Bさんは1日で500回の素振りをしていますから，やっぱり素振りの回数は500回です。2人とも同じ回数の素振りをしていると思うでしょう。

　でも，実はちょっと違うのですね。

　AさんとBさんの素振りを表にするとこうなります。

（Aさん）　　　　　　　　　　　　　　（Bさん）
1日目｜●　　　　　　　　　　　　　　1日目｜
2日目｜○○●　　　　　　　　　　　　2日目｜
3日目｜○○○○●　　　　　　　　　　3日目｜
4日目｜○○○○○○○●　　　　　　　4日目｜
5日目｜○○○○○○○○○○○●　　　5日目｜●●●●●

　Aさんの場合は，前の日の100回の素振りが，経験として次の日に積み上

がっていくのですね。ですから，**回数はＡさんもＢさんも同じ500回ですが，Ａさんは毎日の経験が積み重なって，5日目にはＢさんの何倍もの効果になっている**のです。

　もちろん，実際にはこのように単純に何倍とはなりませんが，確実にＡさんの方が効果が上がっていきます。

　ここに，毎日続けていくことの意味があります。

　今日1日のがんばり，今日1日の活動が明日につながり，明日の活動をさらに高めていきます。まとめてどんとやるよりも，毎日こつこつと積み上げていくことが大事だということがわかると思います。

　明日からはちょっと長い休みになります。春休みですね。春休みは陽気もだんだんと暖かくなってきますし，1年間が終わったという開放感もあります。それから，新しい学年が始まるのでうきうきした気分にもなりますね。そうすると，学校で1年間かけてせっかく身につけた規則正しい生活習慣が，おろそかになってしまうこともあるかもしれません。

　そうならないように，春休みでも毎日少しずつ勉強をしたり運動をしたりして，規則正しい生活ができるといいのではないでしょうか。もしも，ちょっと生活が乱れているなあと思ったら，今の話を思い出してみてください。そして，毎日コツコツと積み上げることの大切さを考えてみてくださいね。

　この春休みの生活が，規則正しく送れると，4月からの新しい学年の生活にも上手に入っていけると思います。

　4月には，元気なみなさんが全員そろって，またこの場所で始業式を迎えられることを，校長先生も楽しみにしています。

修了式

よい習慣は自分を助けてくれる

よい習慣が身についていると，知らず知らずのうちに健康になったり学力が上がったり，人からの評価が高まったりします。よい習慣を身につけることは，自分を助けることでもあるのです。春休みによい習慣を身につけさせ，新学期からの希望につなげます。

　みなさん，おはようございます。いよいよ修了式の日を迎えましたね。今日が，今の学年でみなさんが勉強する最後の日です。

　今年の冬は大変寒い日が多くて，みなさんも朝起きるのがつらい日もたくさんあったのではないでしょうか。それでも，先週くらいから少しずつ暖かい日が続き，花壇の福寿草も花をつけていますね。寒い中にも春の訪れを感じることができます。ゆっくりとですが，確実に季節は変わってきているなと思います。

　先日は，みなさんのおかげで立派に卒業生を送り出すことができました。すばらしい卒業式だったとご来賓の方々が口々にほめていました。卒業生の態度はもちろんのこと，みなさんの態度も大変立派で感心したとおっしゃっていましたよ。ありがとうございました。

　今，1年生と4年生がこの1年間を振り返って，作文を発表してくれました。1年生ははじめての小学校生活が始まった年ですね。この1年間でたくさんのことを学んだと思います。去年の4月に〇〇小学校に入学してから，あっという間の1年間だったのではないでしょうか。4月にはもう2年生になって，新1年生をお迎えすることになります。立派に成長できた1年間でしたね。

　4年生ははじめて上学年の仲間入りをして，クラブ活動が始まったり，中には登校班の班長になったりした人もいるでしょう。そうやって少しずつ学

校や子どもたちのリーダーとしての経験を積んできたわけです。そして，来年は高学年として実際に〇〇小学校をリードすることになります。その下準備がしっかりできた1年間だったのではないでしょうか。

　その他の学年の人も，一人ひとりが大きく成長して，来年度を迎えることができることを，校長先生はとてもうれしく思います。

　さて，今年，校長先生はみなさんに何度か同じようなお話をしたのですが，覚えていますか？　もう合い言葉のように言っている人もいますね。「返事，あいさつ，後始末」です。この1年間，何度もこの言葉をみなさんに伝えたので，もうほとんどの人が覚えていると思います。紙を見なくても言える人も多いでしょう。

　でも，こういうことはただ言えただけでは意味がありませんね。ちゃんと実行できるということが大事です。この1年間，みなさんの「返事，あいさつ，後始末」の力はぐんぐん高まってきましたよ。先生方もみなさんの成長をとっても喜んでいます。この力をこれからもますます高めていきましょう。

　ところで，「返事，あいさつ，後始末」は，いつでもどこでも実行できることもまた大事なことです。いつでも，どこでも実行できるということは，それが習慣になっているということです。みなさんにも何か習慣になっていることがあるでしょう。やろうと思わなくても，知らず知らずのうちにそれをやっている，やらないと何かおかしい気がするというものですね。

　ですから，よい習慣を身につけることはとても大事なことです。そのようなよい習慣についてのお話をひとつしましょう。

　調理師専門学校の校長先生をしている，上神田梅雄さんという方の若いころのお話です。

　上神田さんは調理師の学校を卒業すると，自分の師匠の紹介で，いくつかのお店で修行をすることになりました。あるお店で働いているとき，上神田さんにはどうにも気になって仕方がないことがありました。それは，厨房で

使っている15個くらいのアルミ製の雪平鍋という鍋でした。長年使っているので，ひどく汚れて傷んでいたのです。以前働いていた老舗の割烹店では，毎日ピカピカに磨き上げて使っていたので，どうしても気になりました。

　そこで上神田さんは，**お店が終わってからの時間を使って，全部の鍋を新品と同じようにピカピカに磨き上げた**そうです。

　そうしたら，どうなったと思いますか？

　そのお店で30年以上働いている超ベテランのおばさんが，あまりにピカピカの鍋を見て，新入りの若い調理師が古い鍋を捨てて勝手に新しい鍋を倉庫から出してきて使おうとしているのだと勘違いし，怒られたのです。

　後になって，その鍋が，実は新品の鍋ではなく，今までの鍋を上神田さんがきれいに磨き上げた鍋だということがわかりました。そのとたん，店中に，上神田さんの鍋磨きのことが知れ渡り，それは社長の耳にまで入りました。

　こうして上神田さんは，入店してたったの1週間で，いいところのある若い料理人として，お店の人に受け入れられたのです。こういう上神田さんの姿勢は，やがて師匠にも伝わり師匠からの評価も上がったそうです。

　上神田さんがお店の人にあっという間に受け入れられたり，師匠からの評価が上がったりしたのは，「鍋をいつも新品のようにピカピカに磨き上げて使う」という，それまでに身につけた習慣でした。その習慣が身についていたから，新しい店に行ってもそのことが気になり，その習慣を実行しないではいられなかったのです。

　上神田さんは，お店の人に受け入れられようとして鍋を磨いたのではあり**ません。鍋磨きが習慣として身についていて，鍋を磨かずにはいられなかっ**たのです。それが，結果としてお店の人に受け入れられたのです。上神田さんがお店の人に受け入れられるようになったきっかけは，いつの間にか身についていた「いい習慣」だったのですね。

　このように，「いい習慣」を身につけると，その習慣が一生自分を守ってくれるものです。

みなさんは今，その「いい習慣」を身につける時期です。

習慣にするには何度も繰り返すことが必要です。時には嫌だなと思うことも，こんなことは面倒くさいと思うこともあるでしょう。

でも，この上神田さんのエピソードのように，今身につけた習慣がみなさんを助けるときがきっとあります。そう考えて，嫌だな，面倒くさいなと思ったときでも，「よしやろう」と自分に言い聞かせてがんばってみてください。

明日からは春休みですね。1年間の勉強が終わってほっとして気がゆるみがちになるのがこの春休みです。春休みをさらにいい春休みにするためにも，何か1つ，よい習慣を身につけられるよう取り組んでみてはどうでしょうか。春休みに身につけた習慣が，4月からの新しい学年でもきっと役に立つと思いますよ。ぜひ挑戦してみてください。

これからどんどんと暖かくなって来ますね。ニュースでは来週は桜の花が咲くそうです。

来月4月には，1学年大きくなったみなさんと，希望に満ちた始業式が迎えられることを校長先生も楽しみにしています。

【参考文献】
上神田梅雄『調理師という人生を目指す君に』（ダイヤモンド社）

職員歓迎会

出会いはいつも
ベストなタイミングでやってくる

同じ職場で一緒に仕事をしたり，同じ席で食事を共にしたりするのは，不思議な縁に恵まれているからです。また，人と人との出会いは最高の瞬間にいつも訪れるものです。そのような感動的な出会いの話によって，これからの1年間のスタートを切ります。

　12名の教職員のみなさん，ようこそ○○小学校においでくださいました。心から歓迎をいたします。どうぞよろしくお願いいたします。
　いくつになっても異動するということは，いくらかの心の負担があるわけですが，なるべく早く学校に慣れていただきまして，みなさんのお力を存分に発揮していただければありがたいと思います。それがまた，○○小学校がさらに発展していくことにもつながりますので，どうぞ気兼ねなくお付き合いください。
　宴席での長話は全く歓迎されないのですが，それを承知の上で，少しお話をさせてください。
　「対面同席五百生（たいめんどうせきごひゃくしょう）」という言葉があります。お聞きになったことがおありでしょうか？　どのような意味かと申しますと，**この世で同じ職場に勤めたり，席を同じくして食事をしたりする仲になる人は，前世で500回以上の縁を戴いている人同士である**ということです。
　もちろん，この世とか前世とかということはだれもわかりません。だれもわかりませんが，そのように考えてみると，今，新しくいらしたみなさんと我々とが，このように同じ職場に勤めたり，席を同じくして共に食事をしたりするのは，深いご縁があったからこそと思えてきます。お互いに出会うべくして出会ったと考えれば，今日これからのおつき合いにも，何か感慨深い

ものがあるのではないでしょうか。

　また，教育界の先哲，森信三先生がこのようにおっしゃっています。
「**人間は一生のうち逢うべき人には必ず逢える。**
　しかも一瞬早すぎず，
　一瞬遅すぎないときに──」
出会いというものは，いつでもその人にとってベストなタイミングでやってくるということです。

　〇〇小学校での出会い，同じ学年での出会い，同じ部活動での出会い，そういう出会いは，今このときが自分たちのベストのタイミングでの出会いだということです。

　そのように考えれば，すべての出会いがすばらしい出会いであるということができると思います。

　ただし，森先生はこうもおっしゃっています。
「**縁は求めざるには生ぜず。**
　内に求める心なくんば，たとえその人の前面にありとも，ついに縁を生ずるに到らずと知るべし」

　せっかくベストなタイミングで出会っていても，その出会いを生かすか生かさないかは，当の本人によるということです。**出会ったその人から何かを学ぼうという気持ちがなければ，ただの出会いで終わってしまい，「縁」は生まれない**ということです。

　ですからぜひ，この恵まれた出会いを，お互いに最高に生かして，最良の「縁」を生んでいきましょう。

　これからどうぞよろしくお願いいたします。

【引用・参考文献】
寺田一清『森信三 一日一語』（致知出版社）

職員送別会

攀轅臥轍
（はんえん が てつ）

同じ職場で過ごした同僚との別れは寂しいものです。それが互いに尊敬し合う仲であればよけいに悲しみは募るものです。攀轅臥轍の故事を引いて，別れ行く同僚への感謝と尊敬の気持ちを表します。

　苦楽を共にした12名の先生方とのお別れにあたり，一言，ごあいさつを申し上げます。先生方におかれましては，○○小学校の発展と子どもたちの成長のために，文字通り心を砕き身を砕いてお勤めをいただきました。誠にありがとうございました。

　○○先生には，教務主任として，学校の教育課程の作成から実施までを一手に引き受けていただきました。1年間を大局から見通して計画を立てられ，実施に当たっては正にかゆいところに手が届くほどの細やかな配慮をいただきました。先生の手のひらの上で学校が動いている，正にそのような印象をもちました。来年度は○○小学校の教頭先生にご栄転され，またそのお力を存分に発揮されることと思います。ありがとうございました。

　（以下，功績紹介は省略）

　さて，攀轅臥轍（はんえん が てつ）という言葉があります。あまり耳にしたことのない言葉かと思います。漢字で書くとこのような難しい字です。

　校庭に登り棒がありますが，登り棒の正式な名前は「攀登（はんとう）棒」と言います。攀轅臥轍の攀という文字は，この攀登棒の攀という字で，よじ登るという意味があります。

　攀轅臥轍の轅は「ながえ」と読み，馬車や牛車の前に突き出た2本の棒のことを指します。ここに馬や牛をつないで車を引かせるものです。

攀轅臥轍の臥は「ふす」，俯せになるということです。

最後の轍の文字は「わだち」です。車が通った後にできる車輪の跡のことです。

攀轅臥轍という言葉の文字通りの意味は，**ながえによじ登り，わだちに俯せになる**ということです。

この言葉はある故事を基にできています。

長い間，ある地方を治めていた長官が，その任を解かれて都に帰る日がやってきました。人望の厚かった長官との別れを惜しんで，村人が集まって来ます。それぞれが長官との別れを惜しみ，思い出話に花を咲かせ，長年の仁政へのお礼を申し述べていました。

そこへ長官の乗る牛車が到着します。

名残はいつまでも尽きませんが，意を決して長官は車に乗ります。

そして，今まさに牛車が動き出そうとする瞬間。

「先生，どうか行かないでください。もっともっとここに残って，私たちを導いてください」

と，**ある者はその牛車のながえによじ登り，またある者は轍に身を投げて，長官との別れを惜しんだ**というお話です。

私たちは，今，ながえによじ登り，轍に身を投げる村人と同じ気持ちです。本音を言えば，どうか先生方，行かないでください，もっともっと〇〇小学校に残って，私たちや子どもたちを導いてください，と申し上げたいところです。そのようなすばらしい先生方と一緒に勤務できたことは，私たちの大きな誇りでもあります。

どうぞ先生方，新しい勤務地でお力を存分に発揮されると同時に，今後とも私たちへのご指導ご鞭撻を賜りますようお願い申し上げまして，送別のごあいさつとさせていただきます。

第2章

子どもにやさしく寄り添う講話

向上心

劣等感を武器にする

劣等感をマイナスとばかりにとらえるのではなく，それを生かすという逆転の発想をすることで，自分の成長や仕事につなげることができます。自信がもてない子どもたちを励ましたいときや，一歩を踏み出す勇気を子どもたちに伝えたいときに。

　みなさんは劣等感という言葉を聞いたことがあるでしょうか？
　劣等感というのは，自分は他の人と比べてできないことがあるとか，ダメなところがあるとかと思うことです。
　例えば，「ぼくはAさんに比べて勉強ができない」とか，「わたしはBさんと比べて運動もできないしピアノも下手だ」とかと思うことです。
　この劣等感は，実はだれでももっています。劣等感をもっていない人はほとんどいません。
　ですから，もしかしたらみなさんの中には，そういう劣等感から悲しくなってしまったり，元気をなくしてしまったり，がんばろうとする気持ちが小さくなってしまったりしている人がいるかもしれません。
　でも実は，**この劣等感があるから，人はがんばることができる**のです。

　テレビのコマーシャルをつくる仕事をしている箭内道彦（やないみちひこ）さんという方がいます。
　その箭内さんは，若いときから，相手の人に嫌われたくないと思っていて，そのために自分の考えを言ったり，行動したりすることがなかなかできなかったそうです。
　そして，そうやって自分自身を出せないことでずっと劣等感を抱いていたそうです。自分は他の人よりもダメだという気持ちをもっていたのですね。

ところが、テレビのコマーシャルをつくる仕事に、その劣等感を感じる元になっていたことがすごく役に立ったのだそうです。

というのは、コマーシャルは、それを見た人にその商品を気に入ってもらうことが目的ですが、これは反対に考えれば、**その商品を嫌われないようにすることが大切**だということになります。

箭内さんはずっと、「自分はどうやったら嫌われないようにできるか」を考えてきた人ですから、嫌われない方法についてたくさんの知識や考えをもっていたのです。それが、コマーシャルをつくるとき大いに役に立ったわけです。つまり箭内さんが**劣等感を抱いていたことが、反対に大きな武器になった**のですね。

はじめに話したように、劣等感というのはだれにでもあります。

みなさんも、「自分は他の人に比べてここがダメだな」「ここが他の人のようにこうだったらいいのにな」と思って、少し悲しい思いをしたり、やる気がなくなったりすることがあるかもしれません。

そんなときは、そういうところをなくそうと思ってがんばって勉強したり、他の人に負けないように練習したり努力したりしてみましょう。すると、いろいろなことがわかったり、上手にできるようになったりします。

また、**自分が欠点だと思っていたことが反対に役に立つ場面が、世の中には必ずある**ものです。

ですから、他の人と比べて自分はダメだなと思うことがあっても、心配したり悲しんだりすることはありません。それに負けないようにがんばることで、よりすばらしい自分になることができるからです。

他の人と比べてダメだなと思うことがあったら、それは自分が成長できるチャンスです。チャンスを生かして、自分を成長させることができるといいですね。

【参考文献】
箭内道彦『クリエイティブ合気道』（アスキー）

思いやり

ただ寄り添うことも思いやり

　いじめを受けていた友だちのために特に何ができたというわけではなかったさかなクンですが，友だちのために悩み，一緒の時間を過ごしたことで，友だちを安心させることができました。いじめ問題が話題になったとき，傍観者にならないよう励ましたいときに。

　みなさんの学級にはいじめや仲間はずれはないと，校長先生は信じていますが，もしもみなさんの友だちが，他の子から仲間はずれにされたり，いじめられていたりしたら，みなさんはどうするでしょうか？
　いじめている子に向かって，
　「いじめるのはやめなよ」
と言える人もこの中にはいるでしょうね。
　いじめている子に直接言えなくても，先生に相談したりお父さんお母さんに教えたりすることはできるという人もいるでしょう。
　いじめられている友だちを元気づけられる人もいるかもしれません。
　そういうことはとても大事なことで，校長先生はみなさんにぜひそういうことのできる人になってほしいと思っています。
　いじめられている友だちがいるのに，何もしないで知らんぷりをしているのが一番悪いのです。
　でも，知らんぷりはしたくないけれども，いじめている子に「やめなよ」と言ったり，先生に教えに行ったり，いじめられている友だちを元気づけたりすることは，だれにでもできるというわけではありません。人それぞれ得意なことやできることは違っているからですね。

　魚のことにとっても詳しい「さかなクン」という方がいます。大学の先生

もしています。みなさんの中にも，テレビで見たことのある人がいると思います。

　そのさかなクンが中学生のとき，同じ部活動の友だちがまわりの生徒に無視され，だれも口をきいてくれなくなってしまったことがあったそうです。

　このとき，さかなクンは無視しているまわりの生徒を止めたり，無視されている友だちを励ましてあげたりすることができなかったのだそうです。いじめっ子に立ち向かうことも，いじめられっ子を励ますこともできなかったのですね。

　でも，さかなクンが友だちのために1つだけしたことがあったそうです。それは，**友だちを誘って海に魚釣りに行くこと**でした。友だちと一緒にただ海岸で釣りをしただけですが，その友だちの表情がほっとするのがわかったそうです。

　みなさんの友だちが何かに悩んでいるのを見たときに，友だちの悩みを解決するために何かをしてみたり，悩んでいる友だちを励ましてあげたりすることは，友だちとしてすばらしいことです。でも，そういうことができる人ばかりではありませんね。

　そんなとき，何もできない，何もしないというのは悲しいことです。でも，さかなクンのように，**ただその子の隣にいてあげるだけでもいいのではないでしょうか**。学校の中でもいいし，学校の外でもかまいません。

　何もできなくても，その子のそばに，ただいてあげる。悩んでいる友だちやいじめにあっている友だちの隣に，ただいてあげる。そういうことも，いじめから友だちを守るために，みなさんにできることの1つだと思います。

　自分にできることで，友だちを守ってあげてくださいね。

【参考資料】
さかなクン「広い海へ出てみよう」（朝日新聞デジタル）

> 克己・努力

四つ葉のクローバーは
傷から生まれる

生活の中でも，辛いことを乗り越えたところに幸せが待っていることはよくあります。クローバーを例に，辛いことを乗り越えて幸せをつかむことの大切さを伝えます。友だち関係で悩んでいる子どもたちを励ましたいとき，くよくよしていて前向きになれない子どもたちを元気づけたいときに。

　みなさんの中には，もしかしたら，友だちとけんかをして気分が落ち込んでいたり，お父さんお母さんや先生に叱られて自信をなくしてしまったりしている人がいるかもしれません。それから，自分が気にしていることを言われたりして，心が傷ついてしまった人もいるかもしれませんね。
　そういうときには，何をするにもやる気が起きないかもしれません。遊んでいてもつまらないですよね。ですから，できれば早くそういう気持ちから立ち直れるといいと思います。
　みなさんは「しあわせ」という漢字を知ってしますか？「幸」という字ですね。この字に似ている字がありますが，それも知っていますか？　それは「つらい」という字です。「辛」という字ですね。どうでしょうか。2つを比べてみると，とてもよく似ていませんか。「辛」という字に1画つけ加えるだけで，「幸」という字になります。辛いことはもう少しで幸せになることだと考えることもできますね。

　実は，みなさんのよく知っている植物にも，これと似た話があるんですよ。
　みなさんは「四つ葉のクローバー」を知ってますよね。クローバーの葉は普通は3枚ですが，ときどき葉が4枚のクローバーが見つかります。とてもめずらしいので，見つかるとうれしいですね。四つ葉のクローバーはラッキーアイテムです。

ところで，なかなか見つからない四つ葉のクローバーが，他のところよりも見つけやすい場所があるそうです。それは，**人がたくさん通ったり車が通ったりして，クローバーが踏まれたり折られたりしやすい場所**だそうです。
　どうしてそういうところで四つ葉のクローバーがたくさん見つかるのでしょうか？
　クローバーの葉は，小さい赤ちゃんの葉がだんだん大きくなってできるそうですが，小さい赤ちゃんの葉のうちに踏まれたり傷つけられたりすると，2つに分かれてしまうことがあるのだそうです。そうすると，**クローバーはその傷を治そうとして，たくさんの栄養を出す**のだそうです。そのたくさんの栄養で，踏まれて2つに分かれてしまった赤ちゃんの葉が，それぞれ大きな葉に育つのだそうです。こうして四つ葉のクローバーになります。

　ラッキーアイテムの四つ葉のクローバーの元は，だれかに踏まれてできた傷だったのですね。その傷を治そうとする力で，四つ葉のクローバーができるのです。
　みなさんが，友だちとけんかをして落ち込んでいたり，お父さんお母さんや先生に叱られて元気をなくしていたり，気になることを言われて悩んだりすることは，クローバーの赤ちゃんの葉がだれかに踏まれて傷ついたのと同じだと考えてみてはどうでしょうか。
　傷ついたクローバーが，その傷を治そうとする力で四つ葉のクローバーをつくるように，みなさんが今，落ち込んだり，元気をなくしたり，悩んだりしていることを乗り越えていくと，そこに新しい幸せが待っているのではないかと先生は思います。
　もしも今，みなさんが元気をなくしていたら，この四つ葉のクローバーの話を思い出して，それを乗り越えていく勇気をもってください。そして，すてきな四つ葉のクローバーになってください。

【参考資料】
「疑問氷解　四つ葉のクローバーはどうしてできる？」（デジタル毎日）

明朗

見方次第で
物事は違って見えてくる

「幸運は不運の衣装をまとって現れる」と言われます。見方を変えれば不運の中にも幸運があり，幸運と考えられる面があります。自分の希望が叶わなくても，そこに幸運を見いだすことができれば生活は楽しくなります。自分の希望がかなわずにがっかりしている子どもたちを励ますときなどに。

　新学期が始まって，クラスでいろいろな係を決めていることでしょう。高学年のみなさんは，委員会活動とかクラブ活動とかも決めているのではないでしょうか。

　本当は全員が自分の希望する係や委員会やクラブに入れればいいのでしょうけれど，人数が決まっているので，希望するところに入れなかった人もいるかもしれませんね。

　希望するところに入れないと，なんだかがっかりするものです。やる気が出ないという人もいるかもしれません。

　でも，そんなときには，ちょっと考え方を変えてみてはどうかと私は思います。考え方を変えるというのは，「希望するクラブに入れなかったからこれができない。だからがっかりしてしまう」というのではなく，**「希望するクラブに入れなかったから，かえってこれができる。だからよかった」**と考えるということです。

　物事にはいろいろな面があります。

　例えば，十円玉にも表と裏があって，デザインがそれぞれ違っていますね。どちらも十円玉には違いありませんが，どっちから見るかによって，見え方が違います。

　それと同じように，希望するクラブに入れなかったということについても，そのことを**どちらの面から見るかによって，見え方は違ってくる**のではない

でしょうか。

　おもしろい話があります。
　松下幸之助さんという，大きな会社の社長さんの若いころのお話です。
　松下さんは会社に行く途中，船を利用していたことがありました。あるとき，船のへりに腰かけていたら，船員さんがそのへりを歩いてきました。そして座っていた松下さんをまたごうとしたときにバランスを崩し，松下さんと一緒に海に落ちてしまったのだそうです。
　どうですかみなさん。松下さんは運が悪かったと思いませんか？
　ところが，松下さんは後で，**「自分は運が強かった」**と言っていたそうです。もしも冬だったら助からなかったから，夏でよかった。また，船長さんがすぐに気がついて引き返してくれたので助かった。だから，運が強かったというのですね。

　確かにこう言われると，なるほど松下さんは運の強い人だなという気になりませんか？
　係とか委員会とかクラブとかで希望のところに入れなかった人も同じではないでしょうか。
　希望のところに入れなくても，いい面はたくさんあると思います。自分のやったことのないことを覚えられるかもしれませんし，新しい友だちができるかもしれませんね。
　これはクラブや委員会に限りません。
　運動会でも，学習発表会でも何でもそうです。自分の希望が叶わなくても「自分は運がよかった」と考えると，本当に運がよかったと思えますし，それが本当によい運を運んでくるのではないかと思いますよ。

【参考文献】
小林正観『運命好転十二条』（五月書房）

自主・自律

やってもらったから
やるのではなく，自分から

だれかに何かをしてもらったからお返しに何かをしてあげる，というのは自然なことのようですが，それが当然と思ってしまうと自分から何もしないようになります。見返りを求めずに自分から何かをすることの大切さを伝えます。指示待ちの子が多いと感じたときや，大きな行事の準備のときなどに。

　みなさんは，毎日の学校生活の中で，だれかに何かをしてもらったり，反対にだれかに何かをしてあげたりすることがあると思います。自分が困っているときに手伝ってもらったり，お誕生日にお祝いをしてもらったりするとうれしいですね。反対に，だれかが困っているときに手伝ってあげたり，何かプレゼントをあげたりすると，相手の人も喜んでくれるでしょう。
　ところで，もしもこんな人がいたらどう思いますか。その人は，だれかが困っているのを見ても自分から手伝ったり，助けてあげたりはしません。自分が助けてもらったときは，そのお返しに助けてあげます。お友だちのお誕生日にプレゼントをあげたりもしません。お友だちからプレゼントをもらったときは，そのお返しにプレゼントをあげます。こんなふうに，だれかから何かしてもらえばお返しに何かをしてあげますが，自分からしてあげるということはありません。こんな人がいたとしたら，どう思うでしょうか。

　これに似た話を，二宮金治郎という江戸時代の人がお話に書いていますので，それを紹介してみましょう。
　ある日，金治郎さんが使っていた鍬が壊れてしまったので，お隣の家に行って，鍬を貸してくださいとお願いをしたそうです。
　すると，隣の家のおじいさんはこう言いました。
「今からうちの畑を耕して，野菜の種を蒔くところだから，種を蒔き終え

るまでは貸すことはできないね」

そう言われて，金治郎さんはこんなふうに答えました。

「**自分は今，家に帰ったとしても，鍬が使えないからすることがありません。ですから，私がおじいさんの家の畑を耕してあげましょう。さあ，種をお渡しください。ついでに種蒔きまでして差し上げます**」

金治郎さんはそう言って，おじいさんの家の畑を耕し，野菜の種を蒔いてあげました。そしてその後で，その鍬を借りて自分の家の仕事をしました。

自分の家の畑を耕し終わってから鍬を返しに行くと，おじいさんがこう言いました。

「今度，鍬でも何でも困ったことがあれば何でも言いなさい。必ず用意してあげるよ」

おじいさんがこう言ったのは，金治郎さんの行いに感激したからですね。金治郎さんは，鍬を借りる前にお仕事を手伝ったわけです。そうすると，おじいさんは，**鍬を貸してもいないのに金治郎さんが自分の家の畑を耕して種まで蒔いてくれた，親切でここまでやってくれた**，と思うわけです。

反対に，金治郎さんが鍬を借りて使って，そのお礼ですと言って別の日におじいさんの家の畑を耕したとしても，鍬を貸してあげたお礼だから当たり前かなと思ってしまうでしょう。

このように，同じことをするにしても，自分から先にすると，相手の人の気持ちが大きく変わることがあります。だれかに何かをやってもらったから何かをしてあげるというのではなく，何かをしてもらう前に自分からしてあげる，だれかがする前に自分がする。そういうことを心がけていると，同じことをするにしても，相手の人がさらに喜んでくれます。そして，そのことは，**結局は自分をよく思ってくれることになり，自分のためにもなる**のではないでしょうか。

【参考文献】
二宮尊徳『二宮翁夜話』（岩波文庫）

誠実

大変なときもごまかさない

適当にやったりごまかしたりしてしまうのは，自分の弱さに負けてしまうからです。大変なときでも自分のするべきことをきちんとするという強さがあれば，ごまかすことはありません。ごまかさずに誠実に生活することの大切さを伝えたいときに。

　みなさんのそれぞれの教室では，毎日宿題が出されていると思いますが，どうですか，毎日ちゃんとやっていますか？
　ときどき，疲れてしまって，宿題をするのが嫌になる日もあるのではないでしょうか。
　用事がいっぱいあって，宿題をする時間がなかなかとれないから，面倒くさくなってしまう日もあるでしょう。
　みなさん，そんな日はどうしていますか？
　疲れていても忙しくても，ちゃんと宿題をする人は大変立派です。
　でも，ついつい宿題をさぼってしまいたくなりませんか？
　さぼらなくても，ちょっと適当にやってしまったり，ごまかしたりしてしまいませんか？
　校長先生自身も，振り返って考えてみると，そういう弱い自分に負けてごまかしてしまったことがありました。
　でも，そんなときでも，ごまかしたり適当にやってしまったりすることなく，きちんと宿題ができる人になりたいものだなと思います。

　野村忠宏さんは，アトランタオリンピック，シドニーオリンピック，アテネオリンピックと続けて金メダルをとったすばらしい柔道の選手です。
　日本の柔道チームは，前の日に試合があった選手が，次の日に試合をする

選手の荷物を持ったり時間を知らせたり，いろいろなお世話をすることになっていたそうなのですが，それは金メダルをとった野村選手も同じだったそうです。オリンピックで金メダルをとれば，インタビューや取材をたくさん受け，寝る時間もないほど忙しかったはずですが，野村選手はそんなときでも，その日戦う選手のお世話をきちんとやり，その選手の柔道着をとても丁寧にたたんで，大事にバッグにしまっていたのだそうです。

　また，柔道日本代表監督の山下泰裕さん（この方もロサンゼルスオリンピックで，ケガで足をひきずっていたのに，金メダルをとった名選手です）は「全日本チームが目指すのは『最強の選手』ではなく『最高の選手』」と仰っています。**柔道だけが強い「最強の選手」ではなく，柔道も強いけれど人としてもすばらしい「最高の選手」という意味**なのだと思います。

　オリンピックで金メダルをとるってとても大変なことです。
　そんなところに，インタビューとかテレビ出演とかがずっと続いたら，体はクタクタになっているでしょうね。
　それでも，野村選手は自分のやるべきことを，他の人以上の丁寧さでやっていたのです。
　野村選手は，柔道が強いのはもちろんですが，心もまた強い人なのだと思います。
　私たちは疲れていたり，忙しかったりすると，つい弱い自分の心に負けて，やるべきことをやらなかったり，ごまかしてしまったりすることがあります。そんなとき，「最高の人」になるということを思い出して，人として大事なこともきちんとできる，そういう人になりたいものですね。

【参考文献】
山下泰裕『指導者の器』（日経BP）

正直

正直に生活すると人生さえ変わる

うそをついたりごまかしたりしてしまうのは，その場だけやり過ごせればいいと考えてしまうからです。でも，ごまかしてしまう自分に負けないで正直に生活をすると，自分の人生さえ変わることがあります。ついうそでごまかしてしまう心の弱さに気づかせたいときなどに。

　みなさんは「うそつきは泥棒の始まり」ということわざを聞いたことがありますか？
　うそをついていると，だんだんと悪いことに慣れてきてしまって，そのうち泥棒も平気でするようになる，という意味です。
　だから，うそはつかない方がいいですよ，と教えてくれていることわざですね。
　ことわざで教えられなくても，もちろんうそはつかない方がいいですね。でも，ちょっと困ったときなんかに，つい軽い気持ちでうそをついてごまかしてしまうことはありませんか？
　例えば，うっかり宿題を忘れてしまったときなんかに，昨日は家に帰ったらお腹が痛くなってしまって宿題ができませんでした，なんて言ってしまったりしたことはありませんか？　どうやら，心当たりのある人もいるようですね。

　コメディアンの萩本欽一さんという方がいます。でも，萩本さんは，意外にも中学生まではとても恥ずかしがり屋だったそうです。
　その萩本さんが中学生のとき，休み時間に友だちと黒板に落書きをしていたら，突然先生がやって来たそうです。友だちはうまく落書きを消したのですが，萩本さんだけ落書きを消せず，そのままにして席に着きました。

落書きを見て先生はものすごく怒り，だれが書いたのかを尋ねました。
さあ，みなさんだったらどうしますか？
ものすごく怒っている先生に，「自分が書きました」って言えますか？言いにくいですよね。うそをついてごまかしてしまうかもしれませんね。
でも萩本さんは，「はいっ！」と返事をして，手をあげたのだそうです。萩本さんは先生に怒られることを覚悟したと思いますが，**先生は萩本さんを怒らなかったどころか，落書きがおもしろかったとほめてくれた**そうです。
萩本さんはこのことに感激し，**この先生に恩返しをしようと，授業中一生懸命手をあげた**そうです。時には，わからなくても手をあげ，指されたら「わかりません」と答えます。これがクラスですごくウケて，そこから萩本さんは，人を笑わせようと思ったのだそうです。

さて，もしも萩本さんがこのとき黙ってごまかしてしまったとしたら，お笑いのすばらしさに気づかなかったでしょうね。ずっと黙っていて後になって正直に言ったとしても，先生は許してくれなかったと思います。
先生がだれが書いたのかを聞いたときに，**すぐに正直に「はいっ！」と返事をして手をあげた，その潔い態度に先生はとってもさわやかで立派な印象をもったのではないかと思います。だから萩本さんを許してくれたのでしょう。
私たちは，ついつい自分の失敗や間違いを隠したくなってしまいます。
それは，叱られたり怒られたりすることが嫌だからですが，萩本さんのように怒られることを覚悟してさっと正直に言うと，思いがけないすばらしいことにつながる可能性があるのではないかと，先生は思います。
正直に言うことがつらいこともありますが，ちょっと心が弱くなったときにはこのお話を思い出して，自分に勇気をあげてみてください。

【参考文献】
萩本欽一『快話術』（飛鳥新社）

素直・忍耐・向上心

「教えてもらう力」を高める

人はどうしても厳しさを避け，簡単で楽で優しい指導を求めてしまいます。しかし，その人のためを思って心を鬼にして厳しく教えてくれる指導者もいます。そういう指導者の気持ちを知って素直に取り組むことの大切さを伝えます。運動会の指導で子どもの意欲が下がっているときなどに。

　みなさんは，今までに担任の先生とか，習い事の先生に，厳しく教えてもらったことがあるでしょうか？
　たぶん，たくさんの人が1回か2回は，厳しく教えてもらったことがあると思います。校長先生も子どものころは厳しく指導されたことがあります。
　ところで，担任の先生や習い事の先生がときどき厳しく教えるのは，みなさんが憎らしいからでしょうか？
　違いますよね。
　反対に，みなさんのことがかわいいから，もっといい子になってほしくて厳しくするのです。
　でも，厳しくされるとあまりいい気持ちではありませんね。
　がっかりしたり落ち込んだり，嫌な気持ちになったりするかもしれません。
　そういうときに，指導してくれる人の気持ちや，自分が厳しく教えてもらっているわけを考えることができると，もっといい自分になれるのではないかと思います。

　みなさんは将棋を指したり見たりしたことがありますか？　将棋を覚え始めたころは，普通に指したのでは全然勝負にならないので，強い人がはじめから自分の将棋の駒を減らして指します。力に差があるほど，減らす駒の数も多くなります。

ある大変将棋の強い人がいました。Aさんとしましょう。Aさんがまだ将棋を習い始めたころ，とても強い先生がいて，先生が将棋の駒を6枚も減らしても，Aさんは全然勝てませんでした。

でも，先生はAさんと将棋を指すときには2枚しか減らさないで指し，負けた後でどこがダメだったのかを厳しく指導されたのだそうです。

それで，あるときAさんは駒を6枚減らして指してほしいとお願いしたら，あなたは**将棋の筋がいいから，勝ち負けにこだわらず，どういう手を指すかをよく見て勉強しなさい**と言われたそうです。

先生は，厳しいかもしれないけど，Aさんのためを思って，手を抜かず真剣に勝負していたのですね。

みなさんの中にも習い事やスポーツをしている人がいるのではないでしょうか。そういう人は，今までに1回や2回は，

「練習が厳しいな」

「先生の教え方が厳しいな」

などと感じたことがあると思います。

でも，みなさんのことを思ってくれる先生ならば，それはみなさんが上手になる可能性がたくさんあるから厳しくしているのです。

ですから，「練習が厳しいな」とか「先生が厳しいな」と感じたら，それはみなさんに見込みがあって，先生が真剣になって教えてくれているのだなと思うといいですよ。

こういうのを**「教えてもらう力」**と言います。

教えてもらう力が高い人が，どんどん伸びる人です。

みなさんも，教えてもらう力を発揮して，自分の能力をどんどん伸ばしてくださいね。

【参考資料】
メールマガジン「心の豊かな賢い子供を育てる12章」（現在廃刊）

礼儀・節度

礼儀やあいさつは
勉強や運動の質に通じる

　1年間に何度も，よいあいさつやよいお辞儀をしようと子どもに呼びかけている学校は多いでしょう。しかし，ともすると，それらは言葉だけで終わってしまいがちです。あいさつや返事やお辞儀をきちんとすることが大事だといくら言っても，真剣にならない子どもたちに考えさせたいときに。

　みなさん，おはようございます。(おはようございます)
　いいあいさつですね。
　みなさんのいいあいさつを聞いて，校長先生もとってもすがすがしい気持ちになりました。どうもありがとう。
　こんなすばらしいあいさつが，いつでも，どこでも，だれにでもできたら最高ですね。
　例えば，登校したときの「おはようございます」のあいさつの他にも，廊下を歩いているときや，教室に入ったときにも，いいあいさつをしましょう。また，担任の先生や校長先生以外にも，他のクラスの先生や，学校にいらっしゃるお客様にもきちんとあいさつをしましょう。
　こんなふうに，いつでも，どこでも，だれにでも，明るく元気なあいさつをしようと心がけていると，自分の行動を自分で気をつけることができるようになっていきます。
　そうすると，勉強にも運動にもよい結果が現れるのではないかと，校長先生は考えています。

　今から，20年くらい前のことです。17歳以下のサッカー日本代表選手が大会に出場しました。
　そのとき，ドイツやフランス，イタリアなどの選手たちと同じホテルに泊

まっていたのだそうですが、日本チームの監督が朝食を摂りに食堂に行って驚いたことがあったそうです。

　それは、日本の選手がジャージの前を開けていたり、ボサボサ状態の頭でサンダル履きだったりしたのに対し、外国の選手たちは、みんな髪の毛をきれいに整え、おそろいのポロシャツをズボンの中に入れ、靴もしっかりと履いていたからです。そして、日本の監督にも、食事をやめて立ち上がり、きちんとあいさつをしたそうです。日本の選手は、ポケットに手を突っ込んで、監督にも失礼なあいさつをしていたそうです。

　日本は試合でも大差で負けてしまいましたが、**礼儀やあいさつなど、人間としての基本的な部分でも負けていた**のですね。

　もちろん、あいさつや礼儀がきちんとできていれば、勉強や運動が必ず上達するということではありません。でも、このサッカーの話のように、一流と呼ばれる人たちには、あいさつや礼儀がきちんとしている人が多いので、そこには何か関係があるのではないかと先生は思います。

　するべきことをきちんとする。

　相手の人を尊敬する。

　自分がどう見られているのかを意識する。

　そういうことの一つひとつが礼儀やあいさつにも通じるし、勉強や運動への取り組み方にも通じるのではないでしょうか。

　そう考えると、きちんとあいさつをするとかお辞儀をするとかということは、みなさんががんばっている、サッカーとか野球とかダンスとかピアノとか勉強とか、そういうことがさらに上達していくことと、実は深く関係しているのだということがわかります。

　あいさつやお辞儀をするときには、本気で真剣に取り組めるといいですね。

【参考文献】
田嶋幸三『「言語技術」が日本のサッカーを変える』（光文社新書）

集中・努力

集中すると
つらさも乗り越えられる

集中していると時間を忘れることがよくあります。同じように，集中しているとつらさや痛みを忘れることがあります。多少のつらさや痛みは，子どもたちにもがんばって乗り越えてほしいもの。運動会の練習がつらくて意欲が下がっている子どもたちにがんばってほしいときに。

　運動会の練習が始まっていますね。毎日，校長室にもみなさんが練習をする声や，ダンスの音楽が聞こえてきます。みなさんのがんばっている姿や声を聞いて，校長先生も毎日元気をもらっています。どうもありがとう。
　ところで，運動会の練習が毎日続いていますから，みなさんも少し疲れているでしょう。疲れてくると，今までと同じ練習でも，嫌になったり面倒くさくなったりして，練習へのやる気が少し下がってきたりしますね。
　それから，競技によっては少しの間，痛いのを我慢しなければならなかったり，つらい姿勢を我慢しなければならなかったりすると思います。疲れてくると，いつも以上につらいと感じたり，痛いと感じたりするものですね。
　そこで今日は，そういう気持ちにならない方法をみなさんに紹介したいと思います。

　子ども電話相談室というラジオの番組で，あるとき「ボクシングのパンチって痛いんですか」という質問がありました。
　その質問に，元プロボクシングの選手だったガッツ石松さんが**「見ている方は痛そうに見えるかもしれないけど，やっている方は痛くない」**と答えていました。
　これを聞いて，校長先生はちょっとびっくりしました。痛くないんだそうです。プロのボクシング選手のパンチですよ。一発当たるだけで，起き上が

れないこともあるくらい強いパンチがあるんですよね。
　どうして痛くないのでしょう。
　それは，痛いのを通り越して，何が何だかわからないぐらいしびれてしまうからだそうです。でも，それは試合の間だけで，試合が終わると体が動かないぐらい痛むそうです。**要するに，試合中はそれだけ集中しているから，痛みを感じないということ**なんですね。

　すごいことですよね。
　何かに集中したり，真剣に取り組んだりしていると，痛みを忘れてしまうっていうんです。痛いのに痛いって思わない，思っている暇がないんですね。
　痛みを感じるというのは，本当はとても大切なことです。痛いところが具合が悪いから，そこを大事にするように体が教えてくれているわけですから。
　でも，痛みにも我慢できない痛みと，ちょっとがんばれば我慢できる痛みがあります。ちょっとした痛みにもすぐに負けてしまうと，我慢する力とかがんばる力とか，乗り越えて成長する力とかが身につかないことがあります。
　運動会の練習をしているときに，ちょっとがんばれば我慢できる痛みでも，「痛い痛い」と言って練習をやめたくなってしまったり，嫌になってしまったりすることはないでしょうか？
　そういうときは，練習にもっと集中してみてはどうでしょうか。**本番だと思って本気で取り組んでみる**のです。そうすると，その痛みを忘れることができるかもしれませんよ。それがもっといい演技，もっといい成績につながるかもしれません。
　本当は，痛みは我慢しなくてもいいのです。でも，ちょっとの疲れやちょっとの痛みは，今やることに集中して真剣に取り組むことで乗り越えていけるということも覚えておくといいですね。

【参考】
TBSラジオ「全国こども電話相談室」（回答者・ガッツ石松氏）

勤労・奉仕

だれかのためを思って仕事をする

単純な作業や同じことを繰り返す作業をしていると，ついつい手抜きをしたり適当にやってしまったりするものです。その結果，ミスがあったり不十分だったりします。子どもたちに仕事の大切さをわからせたいとき，仕事に真剣に取り組まない子どもたちに自分を振り返らせたいときなどに。

　みなさんには毎日いろいろな仕事がありますね。
　学級では，日直の仕事や係の仕事，給食当番や掃除当番があります。5年生，6年生になると，委員会活動がありますし，いろいろな行事で特別に仕事をすることも増えてくると思います。
　ところで，みなさんは自分の仕事を忘れないで，ちゃんとやることができていますか？
　ときどき忘れてしまうことはありませんか？
　仕事を忘れてしまうと，他の人に迷惑をかけることになりますね。自分の仕事は忘れずにやりたいものです。
　それから，仕事は忘れずにやっているけれど，なんだか面倒くさくなって，真剣にやらなかったり適当にやったりしてしまうことはありませんか？
　仕事というのはだれかがやらなければなりません。
　ということは，**仕事は必ずだれかの役に立っている**ということです。
　せっかく仕事をするのですから，
　「自分のする仕事がだれかの役に立っているんだ」
　「この仕事をするとだれかが喜ぶんだ」
と考えて仕事をしてはどうでしょうか。
　そういう気持ちで仕事をすると，仕事に対する取り組み方も変わってくると思います。

こんなお話があります。

ある方が，アメリカのキリスト教の教会で，シスターの修行をしていました。あるとき，食卓にたくさんお皿を並べる仕事をしていたら，教会の偉い方から何を考えながら仕事をしているのか尋ねられたそうです。

その方は特に何も考えていなかったのでそう答えたそうです。すると，それでは時間を無駄にしているから，**そのお皿で夕食を摂る方たち一人ひとりのために，祈りながら置いていくようアドバイスしてくださった**そうです。

その方は，お皿を並べるのはつまらない仕事だと思っていたのですが，このアドバイスで，**どんな仕事でも，まわりの人の幸せを願いながらやれば，価値のある仕事になる**ということに気づいたそうです。

どんな仕事であっても，その仕事はどこかで必ずまわりの人につながっています。

そのつながっている人の幸せのためだと思いながらやれば，どんな仕事にも大きな価値があるのではないでしょうか。

みなさんも毎日たくさんの仕事をしています。

日直や給食当番や清掃当番，係の仕事や委員会の仕事などです。

日直の仕事も給食当番の仕事も，「だれかのためになっている」と考えながら，そのだれかのためを思って仕事をすると，それはみなさんにとってより価値のあるものになるのではないでしょうか。

これから先，仕事をするのをつい忘れてしまったときや，仕事をするのが面倒くさいなと思ってしまったときに，ぜひこの話を思い出してみてくださいね。

【参考文献】
中井俊已『読むだけで「人生がうまくいく」48の物語』（成美文庫）

向上心

欠点も自分の一部とさらけ出す

高学年になってくると，自分の欠点や苦手，不得手が気になり，何かをする際にそれがじゃまになったりして，他のよいところが出ないことがあります。自分の欠点にこだわり過ぎず，もっとオープンに自分の欠点を見せた方が，自分が成長できるチャンスが増えるということを伝えたいときに。

　みなさんには苦手なものや得意でないものが何かありますか？
　だいたいの人が何かあるでしょうね。
　校長先生も，小さいころから運動が苦手でした。
　だから，本当のことを言うとね，体育の時間があまり好きではありませんでした。
　運動をするのが嫌いというわけではないのですが，運動が上手にできないことで何か言われたり，できないところを見られたりするのが嫌だったんですね。
　もしかしたら，みなさんの中にも，そんなふうに自分の苦手なことや欠点だと思っていることを気にして，本当は好きなことなのに楽しめなかったり，本当はやってみたいことなのに我慢してしまったりしている人がいるのではないでしょうか。
　先生は，大人になってからは，自分は運動が苦手で，できない種目も多いということを隠さないようにしました。
　すると，それまで気にしていたこともあまり気にならなくなって，自分でやりたいことにチャレンジできるようになったんですね。
　だから，**自分の欠点とか不得意なこととかを，気にし過ぎたり隠したりしない方が，かえっていい**のではないかと思います。

社会に出ても，欠点を隠さずにさらけ出すことで，自分自身が成長するチャンスをつかむことができることが少なくありません。

明治時代の大石順教さんという女性のお坊様は，両腕をなくしてしまったのですが，口を使って文字や絵をかき，すばらしい作品を残しました。
この大石さんの身の回りのお世話をしていた西野悦子さんという方も，片方の足のひざが曲がりませんでした。西野さんは，足が悪いことを隠すようにして歩いていたのですが，あるとき大石さんの前で転んだら，**悪い足を隠さないで歩けば転ばないと教えられた**そうです。

西野さんは片足の膝が曲がらないということを，あまり人に見られたくないという思いで歩いていたのだと思います。そうしているうちに，もっと歩きにくくなって転んでしまったのでしょう。
人に見られるのを気にしないで，ひざが曲がらないことをちゃんと見せて歩いた方が歩きやすい。
大石さんは，そのことを言いたかったのでしょうね。
つまり，**悪い足を隠さないことが，転ばずに歩ける方法**だったというわけです。
みなさんも，自分の欠点や不得意なことが気になって，何かをする際にそれがじゃまになったり，他のよいところが出ていないなと感じたときは，今日の先生のお話を思い出して，勇気を出してみるとよいのではないかと思います。

【参考文献】
石川洋『やるなら決めよ　決めたら迷うな』（勉誠出版）

努力・向上心

自分の身の回りや習慣を変える

中学年，高学年になってくると，お互いの学力が何となくわかってきます。中には現状に満足してしまったり，あきらめてしまったりして，もう一歩努力することへの意欲が高まらない子もいます。そんな勉強への意欲が高まらない子どもたちを励ましたいとき，勇気づけたいときに。

　みなさん，毎日勉強をがんばっていますか？　4年生以上の上学年になってくると，勉強も難しくなってきて，ちょっと苦手だなと思っている人もいるかもしれませんね。それから，教科によって得意なものや苦手なものがあるという人もいるでしょう。

　ところで，国語の勉強と算数の勉強の中身は違いますね。3年生以上では社会や理科の勉強もしますが，それも中身は違います。でも，国語や算数や社会や理科を勉強するときに，文章に書いてあることを読んで頭に入れたり，どっちが大切かを比べたり，これがよさそうだなと自分で決めたりする力は，どの教科でも使いますね。そういう力のことを「知能」と言うことがあります。この知能は，よく「あの人は頭がいい」なんていうときの「頭のよさ」のことだと考えることもできます。

　そうすると，みなさんの中には，「ああ，自分はちょっとダメだな」「自分はそういうのは苦手なんだよな」と思う人もいると思います。頭のよさって，生まれたときに決まっていて，がんばってもあまり関係ないと思っているかもしれませんね。

　でもね，実はそうではないんです。**頭のよさって自分の身の回りの様子によっていろいろと変化することがある**のです。

　今お話しした「知能」について，興味深い研究をした心理学者がいます。

この人は，今から90年くらい前の1930年から後の，世界中で行われた知能検査の結果を集計したのです。
　そうしたら，あることがわかりました。それは**「どこの地域でも，検査をした時期が後になればなるほど，ほとんど知能検査の成績がよくなっている」**ということでした。
　要するに，10年前に20歳の人があるテストをやった結果よりも，今の20歳の人が同じテストをやった結果の方がよかったということです。昔の人よりも今の人の方が知能テストの結果がよかったのですね。簡単に言ってしまうと，後から生まれた人の方が頭がいいということです。
　ところが，別の研究者が，1970年ごろからの知能テストの結果を集計したところ，今度はテストの結果がだんだんと悪くなってきていたのだそうです。ちょっと残念ですね。
　どうしてこんなふうに，結果がよくなったり悪くなったりするのかは，はっきりとはわからないのですが，どうやら生活の仕方が変わったり，教育の中身が変わったり，テレビやインターネットなどの情報の受け取り方が変わったり，食べ物が変わったりと，まわりの環境が変わることが大きな原因のようです。つまり，**頭のよさは自分の身の回りの環境によっても変わる**ということなんですね。

　みなさんの中には，頭のよさって生まれつきだからと思って，苦手なことも苦手なままにしてあきらめている人もいるかもしれませんが，そうではないということですよ。自分の身の回りを勉強に合うように変えてみたり，生活の習慣や食べ物の習慣を変えてみたりすると，変わる可能性があるということです。
　どうですか。やる気が出てきませんか？　今日のお話を思い出して，苦手な勉強や苦手な教科をなくしていきましょう。

【参考文献】
ジェームズ・R・フリン『なぜ人類のIQは上がり続けているのか？』（太田出版）

よりよく生きる

悩みや苦労に
とらわれ過ぎない

人は自分の困難や苦労を必要以上に気にして重大に受け止めてしまい，回復，向上への一歩を踏み出せないことがあります。実際の困難とその困難をどう受け止めるかは異なり，考え方を変えれば一歩を踏み出すこともできます。必要以上に気にしてしまう子どもたちを励ましたいときに。

　みなさんの中には，いろいろなことで悩んでいる人もいると思います。
　例えば，仲のよい友だちがなかなかできないとか，野球をがんばっているのにレギュラーになれないとか，ピアノの先生がとても厳しいので練習に行くのに気が重くなるとか，です。
　その他にも，友だちにちょっと嫌なことを言われたとか，先生に叱られたとかもあるかもしれません。
　そのような悩みがあると，何かをしていてもふとそのことが気になってしまい，今やっていることに集中できなかったり，思い切って挑戦してみたりすることができなくなることがあります。
　ですから，悩みや苦労があっても，それをあまり重く考えないで，早く気分を切り替えるということも時には大切になってきます。もちろん，悩みや苦労がそれで消えることはありませんから，重く考えないといっても難しいかもしれません。
　でも，少し考え方を変えてみるだけで，今やっていることに集中できたり，新しいことに挑戦できたりするとしたら，そういうことを試してみてもよいかもしれませんね。

　みなさんが社会に出てからも，悩みや苦労にとらわれ過ぎないというのは大事なことです。

これは，自分の苦労を上手に乗り越えている人のお話です。

　Aさんが電車に乗って座っていると，ある駅で片足のない男性が乗ってきたそうです。片足がないのにその人があまりに楽しそうなので，どうしてそんなに楽しそうな笑顔ができるのかAさんは尋ねたそうです。するとその人は，**世の中には目が見えなくて外に出られない人もいれば，寝たきりで部屋から出られない人もいるのに，自分は片足がないだけで，希望の明日がある**と答えてくれたそうです。

　片足がないと，生活するのにもいろんな苦労があって大変でしょうから，「片足がないだけ」という答えは意外ではないでしょうか。

　私たちは，自分の悩みや苦労をすごく大きなものと感じてしまうことがありますね。

　友だちにちょっと嫌なことを言われると，それがものすごく重大なことのように感じます。

　先生に注意されると，自分だけすごく注意されて先生に悪く思われたように感じます。

　でも，それを，

「友だちにちょっと嫌なことを言われただけ」

「先生に注意されただけ」

と考えると，そんなにたいしたことではないなぁと思えてきたりしませんか？

　自分だけが大変，自分だけがつらい，自分だけ，自分だけ…と考えていてもいいことは1つもありません。

　大事なのは自分だけが大変だと思うのではなくて，早く気持ちを切り替えることです。その方がずっと得をします。

　何か嫌なことがあったら，この話を思い出してみてくださいね。

【参考資料】
メールマガジン「3秒でHappy？　名言セラピーby 天才コピーライター」

節度・克己

一流の時間の使い方

勉強にも習い事にも集中できないときがあります。やる気が起きなくて時間ばかりが過ぎてしまいます。そんな状態に陥っている子どもたちに，時間の大切さや集中して取り組むことの大切さに気づかせようとするとき，やる気を起こさせたいときに。

　みなさんには調子がいいときと悪いときがありませんか？
　勉強でも習い事でも，やる気が出て練習をするのが楽しくていくらでもできそうなときと，何だかやる気にならなくて，練習もつまらなくて，取りかかる気にもならないときがあるのではないでしょうか。
　調子がいいときはどんどん練習をすればいいのですが，反対に調子が悪いときには，どうしても怠けてしまいたくなりますよね。
　人間だからそういうときがあるのは仕方がないと思います。校長先生にももちろんあります。でも，当たり前のことですが，過ぎてしまった時間は元には戻ってきませんね。怠けていて何もしないで過ぎてしまった時間は，無駄な時間になってしまいます。その時間がもう一度めぐってきて，その時間をまた使えるというのならいいのですが，そういうことはできませんね。
　ですから，できればその時間を有効に使って，たくさん勉強をしたり練習をしたりしたいものです。
　こう言うと，「時間ばかりかけてもダメじゃないか」と思うかもしれませんが，そうでもないようです。**一流と言われる人たちは，やっぱりたくさんの時間を使って練習をしている**のです。

　実は，世の中のいろいろな分野で一流と言われている人たちと，その時間との関係を調べた，エリクソンという学者がいます。エリクソンは「一流」

とか「天才」と呼ばれるようになった人たちと、「二流」とか「三流」と呼ばれる人たちとでは、いったい何が違うのかを明らかにしようとしました。そうしたら、1つの違いがわかってきたそうです。

　一流と呼ばれる人は、7歳から20歳の間に、平均して10,000時間の練習をしていたのだそうです。これに対して、**一流ではない方のグループの人たちは、同じく7歳から20歳の間に、平均して5,000時間の練習をしていた**そうです。

　さらに、**天才とか一流とかと言われた人たちは、集中して練習した時期があった**そうです。さらに、ここが大事なところですけど、その**集中して練習した時期っていうのが、早ければ早い人ほど一流になっている**のだそうです。

　つまり、たくさんの時間練習する、集中して練習する、なるべく早い時期に練習するということが、一流の人になるために有効だということですね。

　もちろん、この通りにやったからといって、だれもが一流になれるとは限りませんが、一流になりたかったら、このことを意識して取り組むといいのではないでしょうか。

　みなさんの中にも、勉強をがんばっていたり、習い事をがんばっていたり、部活動をがんばっていたりする人がいますね。だれでも将来は「天才だ！」とまではいかなくても「あの人は一流だな」と言われるようになりたいのではないですか？

　そのためには、**なるべく早い時期に、たくさんの時間をかけて、集中して練習に取り組むことが大事**だということです。

　今、ちょっとやる気が出なくて集中できない人もいると思いますが、将来の自分を思い描き、ここでもうひとがんばりしてみてはどうでしょうか。そのためには、勉強や習い事を好きになり、楽しんで練習できるのが一番です。

　さっそく今日からがんばってみてくださいね。

【参考文献】
マルコム・グラッドウェル『天才！　成功する人々の法則』（講談社）

友情

相手を許すと自分も救われる

けんかをしてしまったり，ちょっとした誤解や行き違いで嫌な気分になったりしたとき，被害者意識が強いと自分から謝ったり仲直りしたりすることができません。けんかが絶えないときや，けんかをして友だち関係がうまくいかなくなった子どもたちを励ましたいときなどに。

　みなさん，お友だちとは仲良くしていますか？　毎日一緒に過ごしていると，けんかをしてしまうこともあるでしょうね。けんかはしてもいいですけど，きちんと仲直りができていますか？　もしかしたら，仲直りをするのが難しくて，うまく仲直りできないという人もいるかもしれませんね。
　どうして仲直りが難しいのでしょうか。これには理由があります。それは，**「悪いのは相手の方だ」とお互いに思っているから**です。自分は悪くない，相手が悪い，だから謝るのは相手の方だ，自分から謝るのはおかしい。こんなふうにお互いが考えているから，お互いに自分から謝ることができません。だから仲直りが難しくなります。
　そう考えると，仲直りをするコツは「自分から謝ることだ」ということがわかります。でも，自分は悪くないのに自分から謝るってどうですか，みなさんできますか？　ちょっと嫌ですよね。悪いのは相手の人，でも謝るのは自分，では，自分にいいことがひとつもありません。
　でも，実は，自分が悪くなくても先に謝ると，みなさんが気づかないいいこともあるのです。相手の人が悪いのに自分から先に謝るには，相手の人を「許してあげる」ことが必要になりますね。**相手の人を「許す」と，けんかをして心がモヤモヤしていたのが，きれいさっぱり晴れやかになる**のです。また，相手の人を許すようなよいことをすると，どこからかみなさんによいことが巡ってくるようになります。

インターネットで商売をしていたある人の、次のような体験を聞いたことがあります。

その人のところに、ある日商品の注文がありました。そこでその商品を送り、代金を振り込んでくれるように連絡をしました。ところが、いつまで経ってもお金が振り込まれません。何度もメールで連絡したそうですが、返事も帰ってきませんでした。

嫌なお客さんだなと思って、毎日気分がすっきりしなかったそうです。

そんなある日、その人は自分はこの商売が好きで、この商売をやっているだけですごく楽しいなということに気づきました。そこで、そのお客さんに、

「まだ、ご連絡いただけませんが、その品物は差し上げます。気に入っていただけるとうれしいです。ありがとうございました」

とメールを送ったのだそうです。

そうしたら、今までモヤモヤしていたものがとれて、とっても気分がよくなったのだそうです。しかもなんと、その次の日に、お金がちゃんと振り込まれていたそうです。

この方は、例えてみれば、そのお客さんとけんかをしていたわけですね。悪いのは相手の人です。でも、この方は、商品だけ受け取ってお金を払わない相手の人を、許してあげたわけです。そうしたら、気分も晴れて、代金まで払ってもらえたということですね。

みなさんの中にも、友だちとちょっとしたことでけんかをしたり、仲が悪くなったり、嫌なことを言われて気分が悪くなったりして、そのままになっている人がいるかもしれません。そういう人は、思い切って相手の人を許してあげてみてはどうでしょうか？　そうすると、すっと気分が楽になりますよ。

勇気を出して、ぜひ、チャレンジしてみてくださいね。

謙譲・謙遜

譲ることは美しい

　自主性や積極性と，わがままや利己性というのは，似て非なるものです。進んでやるのはよいことですが，他の子に譲ったり任せたりできないと集団生活はうまくいきません。相手に譲ることや任せることの大切さを考えさせたいときに。

　何でも自主的，積極的にできるのはすばらしいことですね。自分から進んでゴミを拾ったり，自分から進んで後片づけをしたり，進んで仕事を引き受けてくれたりする人がいると，とっても助かります。
　みなさんにも，自主的，積極的にいろいろなことができる人になってほしいと，校長先生は思っています。
　ところで，自主的，積極的と似ているのですが，少し違っていることで，自分勝手とかわがままというものがあります。
　どういうことでしょうか？
　例えば，ゴミを拾うということを考えてみましょう。
　教室にゴミが落ちていました。
　それに気づいた人が拾おうとしました。立派な心がけですね。そのとき，ある子が，「僕がゴミを拾うんだから，拾わないで」と言ったとしましょう。この子の行動は積極的でしょうか？
　自分からゴミを拾おうとしているのですから，積極的な行動と言えなくもないですね。
　でも，だれかが拾おうとしているのをやめさせて，自分が拾おうとしているのですから，これはわがままで自分勝手な行動とも言えます。
　自主的な行動や積極的な行動の中には，ときどき自分勝手な行動やわがまま行動が見つからないように入っていることがあります。そういう気持ち

が入っていないかどうか，自分の行動に注意できるといいですね。

そして，**自分がやりたいと思ったことでも，だれか他にやりたい人がいれば譲ってあげられるのも積極的な行動と同じくらい立派な行動**です。これを難しい言葉で，**「謙譲の美徳」**と言います。

校長先生は，みなさんに譲ってあげられる人にもなってほしいと思っています。

そんなことに関係するちょっとしたお話です。ある方が講演を頼まれました。ところがあいにくの雪で電車が止まってしまい，途中の駅からタクシーで会場に向かったそうです。運転手さんが何とか間に合うよう努力してくれて，もう少しで会場のある市内に入るというところまで来たときです。意外にも，運転手さんが地元のタクシーに乗り換えるのを勧めたそうです。それはなぜかというと，**地元のタクシーなら市内の道路に詳しいはずだから，自分が運転するより少しでも早く着けるから**ということでした。

みなさんはこのお話を聞いてどう思いましたか？

タクシーの運転手さんは，当然少しでも長くお客さんを乗せた方がお金をたくさんもらえます。でも，この運転手さんは，**自分がもらうお金が少なくなっても，お客さんのためを考えて，地元のタクシーの運転手さんにお客さんを任せた**のです。

何でも自分でやってみようと思うことはとても大事なことです。しかし時には，上手にできる人，やる気のある人にお願いする，仕事を譲るということも，目的を達成するためには必要なことなのです。そしてそれは，このタクシーの運転手さんのように，実はとってもかっこいいことです。

自分がやるべきか，だれかにやってもらった方がいいか，そういうことが上手に判断できるようになれるといいですね。

【参考文献】
船井幸雄『船井幸雄の人財塾』（サンマーク出版）

礼儀・信頼・集団性格の向上

「リアクション」で仲は深まる

子どもたちの中には話しかけても問いかけても，黙っていて何も反応しなかったり，わずかにうなずくだけだったりする子がいます。リアクションは少しオーバーな方が人間関係がよくなり，信頼感が増します。消極的な子どもたちに積極的なリアクションをすすめたいときなどに。

　みなさんが朝教室に入って，友だちに「おはよう」と言ったとき，大きな声と笑顔で「おはよう」と返してくれたら，うれしいですよね。反対に，小さな声や暗い表情で「おはよう」と返されたら，みなさんの気分も落ち込んでしまうかもしれません。話しかけると，いつも明るく楽しそうに答えてくれる子には話しかけやすいし，そういう子とはすぐに仲良くなれるのではないでしょうか。

　何かされたときの反応のことをよく，「リアクション」と言います。テレビでお笑いの芸人さんたちも，よく「リアクションがいいねぇ」なんてことを言うことがあると思います。**仲良くなるためには，このリアクションをちょっとオーバーにしてみるといい**のではないかと校長先生は思います。

　何か言ったりやったりしたときに，相手の人からのリアクションがないと相手にされなかったのかなと思ってしまいます。反対にちょっとオーバーにリアクションされるとうれしくなってきますね。こんなふうに，リアクションに少し気を配ってみると，友だちができやすくなったり，クラスが協力しやすくなったりするように思います。

　実は，校長先生にこんな体験があります。
　若いころ，運転免許証の期限が切れるので，手続きに行ったときのことです。休みの日だったので，とても混んでいました。5つある窓口のまわりに

はたくさんの人が待っていました。その人たちに向かって，係の人が「山田一郎さん」と呼ぶと，山田一郎さんがその窓口に行って手続きをするという感じでした。

　でもね，名前を呼ばれた人のほとんどが，返事をしないのです。それに，窓口でもほとんどの人が係の人の説明を黙って聞いていて，返事もうなずきもしないのです。係の人も，朝からずっと同じ作業をしていて疲れていたのか，事務的に話していました。説明が終わると，
　「じゃあ，そこの赤い線に沿って行ってください」
と指示を出すだけで，あとは次の人の名前を呼ぶという具合でした。

　それで校長先生は，「よし，自分だけはいい声で返事をしてやろう」と心に決めて，名前が呼ばれるのを待ち構えていました。やがて「山中さん」と名前が呼ばれたので，「はい！」と明るく返事をして窓口へ行きました。そうしたら，窓口の係の人は，中年のおじさんでいかにも不機嫌そうな感じだったんですね。

　それでも，校長先生は**ちょっとオーバーなリアクションで，返事をしたり，「お願いします」と言ったり，大きくうなずいたりしました。**そうしたら，どうなったと思いますか？　**その係の人の声がだんだんと明るく元気になってきて，はきはきと説明してくれた**のです。説明にやる気が出てきているのがわかるのです。そして最後は，今までは事務的に「そこの赤い線に沿って行ってください」と話していただけだったのに，なんと，座っていたイスから立ち上がると，窓口から身を乗り出して教えてくれたのです。

　こんなふうに，ちょっとしたリアクションの工夫で，相手の人の気持ちも態度も変わっていくことがありますよ。そうすると，それがきっかけになって友だちになれたり，お互いにいい気分でそのときを過ごしたりすることができます。
　ぜひ，ひと言の明るいリアクションを心がけてみてください。

友情・協力

高い技能だけが能力ではない

子どもたちは能力が高いということを，勉強ができるとか，運動が得意とか，何かが上手にできるとか，その人の技能の高さのことだと考えています。しかし，それ以外の様々なことも総合的にその人の力になっているものです。そのことに気づかせ，自信をもたせたいときに。

　みなさんには何か得意なことがありますか？　ピアノが得意だという人もいますね。バスケットボールが得意だという人もいるでしょう。計算問題なら絶対に間違えないという人もいるかもしれませんね。そんなふうに，これが得意だというものを，その人の「能力」ということがあります。あの人は能力が高いねと言うと，得意なことがたくさんあるとか，ものすごく得意なことがあるとかという意味になります。

　ところで，この能力というのは，自分が他の人よりも上手にできることだと思うかもしれませんが，その他にもあるのではないかと校長先生は思います。例えば，赤ちゃんは，ピアノがうまいとか，サッカーが得意だとか，計算ができるとかということはありませんね。何もできないと言ってもいいと思います。でも，まわりの人たちみんなから愛され，大事にされています。

　そう考えると，勉強ができる，運動ができる，ピアノが上手，というのも能力ですが，**それ以外にも能力はある**ということがわかります。

　こんなお話があります。
　あるところに，同じ会社に入った2人の若者がいました。A君は大学をとても優秀な成績で卒業して，その会社に入りました。もう1人の若者のB君は，実は大学の成績はあまりよくありませんでした。友だちに教えてもらって，何とか試験に合格できるという具合でした。

あるとき，研修会で「売れ残って何年も倉庫に積んであった流行遅れの服を売る方法を考えて発表する」という宿題が出されました。Aさんは早速その日のうちに本屋さんで関係する本を何冊か買って帰りました。そして，その本からアイデアを見つけ，インターネットでいろんなデータを調べて，自分のアイデアを考えました。

それに対してBさんは，どう考えればよいのかもわかりませんでした。そこでBさんは，学生時代のように，いろんな人に電話をかけてどうしたらよいかを聞くことにしました。大学のときの同級生や先輩，大学の先生，幼なじみ，中学校のときの先生など，いろんな人に電話をしました。そしていろんな人にアイデアややり方を教えてもらって，何とか服を売る方法をまとめることができました。

さて，いよいよ発表の日です。結果はAさんが見事に1位をとりました。でも，何とBさんも同じく1位をとったのでした。

審査をした課長さんは，2人に，

「Aさんは自分で情報を手に入れ，自分でアイデアを考え出すことが得意ですね。それはとても大事なことです。それに対してBさんはいろんな人に教えてもらいながら情報を手に入れるのが得意だということですね。そういうことも立派な能力です。能力というのはそういういろんな力の足し算で，それが総合力というものなんだよ」

と言ったそうです。

自分でできることばかりが能力ではないということですね。人に聞いたり，友だちを頼ったりしてやり遂げることも，立派な能力だということです。自分でできるかどうかということばかりにこだわらずに，**教えてもらったりやってもらったりして，何かをやり遂げることもときには必要なこと**です。そういう意味では，たくさんの頼れる友だちがいるということも能力の1つですね。

思いやり・進取・協力

「みんなのため」が「自分のため」になる

自分だけがよければそれでよいと考えていると，集団で協力して取り組むことはできません。それぞれが，集団のためになることを考えることが大切です。それが結局は集団を高め自分を高めてくれます。利己的な考えを振り返らせたいとき，協力について考えさせたいときに。

　学校や学級にはいろいろな人がいます。体の大きい人，走るのが速い人，力が強い人，手先の器用な人，遊びが得意な人など様々です。
　そういう人が集まって，みんながよくなっていけるように，協力して生活をするところが学校や学級ですね。ですから，自分のことばかり考えずに，相手のことを思いやって生活することが大切です。
　ところが，人はどうしても自分のものの考え方や感じ方を基準にして，物事を見たり考えたりしてしまいますから，自分中心で自分のことだけを考えてしまうことがあります。
　もしも学校や学級にそういう人たちが多かったらどうでしょう？
　毎日学校に来るのが楽しくなくなってしまうでしょうね。
　例えば，学級で昼休みにみんなで遊ぼうと計画を立てたとします。ドッジボールをやりたいという人が多かったとしましょう。そのときに，自分はドッジボールよりもバスケットボールがやりたいからといって，バスケットボールをやりたい人だけを集めて，勝手にバスケットボールをしていたとしたら，おもしろさも少なくなってしまうのではないでしょうか。
　みんなで生活をする場では，自分だけがよいという考えではなく，みんなのためを考えて行動することが必要ですね。

　そんなことにかかわるちょっとしたお話です。

あるところに，あまり人気のない温泉町がありました。それぞれの旅館が，自分のところにお客を呼びたくて勝手に看板を立てるので，いい景色が台無しになり，ますますお客が来ませんでした。そんな中，1軒だけ流行っていた旅館のご主人が，自分のやり方を全部教えるから，競争をやめ，木を植えたり露天風呂をつくったりして町を盛り上げようと呼びかけたそうです。

この人は，自分の旅館さえお客さんが来ればいいという考えではなく，温泉町全体がよくなることが大事だと提案したわけですね。その結果，その温泉町の旅館全部が，数か月先まで予約でいっぱいになったのだそうです。みんながよくなることを考えたら，自分のところにもたくさんのお客さんが来るようになったのですね。**みんなのためになるように考えたことが，結局は自分のためにもなっていた**わけです。

学級や委員会活動などで何かをしようとするときも同じです。

自分は何をするか，自分はどうするかと考えるときに，**「みんなのためになること」**を考えてみるとよいのではないでしょうか。

自分がよくなるためにはどうするかを考えるよりも，みんながよくなるためにはどうするかを考えた方が，結局は自分のためになっていることがよくあります。みんなもよくなり，自分もよくなる。すばらしい考え方ですね。

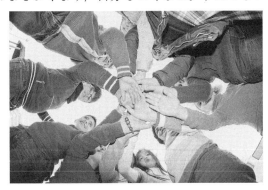

【参考文献】
福島正伸『メンタリング・マネジメント』(ダイヤモンド社)

多面的・多角的な見方

いろんなことに
気づける人は幸せな人

同じことをされても,何とも思わない子もいれば,「嫌なことをされた」と訴えてくる子もいます。その差は「見方」の差とも言えます。いろんな見方をすることの大切さをわからせたいとき,感謝を見つけることの大切さに気づかせたいとき。

　みなさん,こんなことはありませんか?
　休み時間に近くの席の友だちと,教室でおしゃべりをしていたとします。みなさんから離れたところでも,友だちが何人か集まっておしゃべりをしています。ふと見ると,遠くでおしゃべりをしている人たちが,みなさんの方をちらっと見ています。
　そんなときに,みなさんはどう思うでしょうか?
　特に何も思わないという人もいるでしょうね。
　自分の悪口を言っているのかもしれないと思う人もいるでしょう。
　自分に用事があるのだろうかと思う人もいるかもしれません。
　こんなふうに,同じことを見ても,そこから何を感じるか,何を考えるかは人によって様々です。
　いろいろな見方があるので,どれが正しいというわけではありません。でも,ときどき自分の見方だけが正しいと思い込んで,他の見方があるということに気づかないことがあります。
　最初に話した例で言えば,自分の方を見ている人が自分の悪口を言っていると思い込んでしまうということです。悪口を言っているかどうかは,本当はわからないのに,です。
　本当のことはわからないのですから,悪い方にばかり考えないようにするのが大事なことです。

いろいろな見方があるということをいつも頭に入れておくとよいでしょう。

　ある高校生のお話です。
　この高校生のお父さんは「ボイラー技師」をしていました。重油というドロッとして粘り気のある燃料を扱う仕事です。あるとき高校生が，お父さんにもらった千円札でバスの料金を払おうとしたら，何度やり直しても機械に通らなかったのです。千円札に重油がついていたからでした。高校生は，そのことに気づき，お父さんが家族のために，重油にまみれて一生懸命に働いてくれていることがわかり，涙が出そうになったそうです。

　校長先生はこのお話を聞いて，深く感じたことがあります。それは，**Aさんが普通の人では気づかないような何でもないことから，とても大切なこと，お父さんの家族への愛情に気づいた**ということです。
　私たちは，ともすると，はっきりとわからないことなのに，
　「あの人は自分にはこうしてくれない」
　「自分だけこうされている」
などと自分で勝手に思い込み，心が沈んでしまうことがあります。
　でも本当は，そこに相手の人の気づかいや思いやり，親切が隠れているかもしれません。
　そういう思いやりや親切を積極的に探して，
　「あぁ，よかったな」
と思えたら幸せですね。
　いろんなことに気づける人が幸せな人だと先生は思います。

【参考資料】
　メールマガジン「3秒でHappy？　名言セラピーby天才コピーライター」

忍耐・思いやり

3年も座られた石

子どもたちはよく「自分だけが大変」「自分ばかり叱られる」と言います。自分だけが特別不利益を被っていると考えるのです。そんな子どもたちに，視点を変えて見ると，自分だけが特別ということはないのだということをわからせたいとき，まわりの人の思いやりに気づかせたいときに。

　みなさんは「石の上にも3年」ということわざは知っていますか？
　意味は知らなくても聞いたことのある人は多いでしょうね。このことわざの意味は「冷たい石の上でも3年もいれば温かくなってくるということから，辛抱すること，我慢することが大事だ」ということです。
　3年間も座るのですから，確かに忍耐力が必要ですね。
　でも，ここでちょっと考えてみてください。石の上に3年間も座るのですから，座っている人は確かに大変です。おしりも冷たいし，痛くなってくるでしょうね。でも，**座られている石の方はどうでしょうか？**　3年間もだれかに座られて，もっと大変なのではないでしょうか。

　校長先生は若いころ，左足のふくらはぎの肉離れというけがをしたことがありました。治療のために左足をまっすぐにして，太ももから先を石膏で固めました。左足が曲げられないままで，1か月くらい過ごさなければならなかったのです。
　足が曲げられないのですから生活はとても不自由でした。中でも車の運転ができないことと，お風呂に入れないことが不便でした。車が運転できないと仕事に行くこともできません。それで，毎日奥さんが車で送り迎えをしてくれました。
　最初のうちは奥さんに悪いなと思っていたのですが，だんだんとそれが当

たり前になってくるのですね。

　ときどき家を出るのが少し遅くなって，いつもよりもせかせかとした運転になることがあります。そうすると運転の仕方が悪いから足が痛いと文句を言います。出発する時刻が遅いから，学校に着いてから忙しい，ゆっくりしか動けないから大変だと文句を言います。

　奥さんは毎朝家事をして，中学生の息子２人を送り出して，先生の世話をして，学校に送って行ってから自分の仕事場に行っていました。いつもよりも早く家を出なければなりません。大変な忙しさだったと思います。でも，先生は，「ケガをして大変な思いをしているのは自分なんだ」としか思わなかったのですね。

　そのときに**「石の上にも３年と言うけれど，座られている石の方が本当は大変なのだろうな」**と考えることができたら，もっともっと奥さんに感謝できたように思います。

　わたしたちは何かあると，ついつい，自分だけが悪い目にあったり，損をしたり，苦しんだりしていると思ってしまいます。つらい目にあっているのですから，そう思うのは仕方のないことかもしれません。

　でもそのときに，**苦しんでいる自分のまわりにいる人も，みんな何かしら我慢しながら自分を支えてくれているということに気づけたら，自然と感謝の言葉が出てくる**のではないでしょうか。

　苦しくてつらそうな顔をしている人を，じっと見ていることだってつらいですよね。そのうえ，そのつらい気持ちを隠して，苦しんでいる人の世話をするとしたら，もっともっとつらいと思います。そうやって世話をしているのに，文句を言われたらなおさらつらいですね。

　自分だけが，と思いたくなったら，自分のまわりの人のことを考え，まわりの人の目から自分を見てみるといいのではないでしょうか。

　そうすると，まわりの人もまた我慢して苦しみながら，自分を支えてくれているのだということがわかると思います。

コミュニケーション・友情

コミュニケーションの不思議な力

人と人とが触れ合ってコミュニケーションをとるだけで，何かが生まれることがあります。コミュニケーションにはそういう不思議な力があります。集団のまとまりを強くするために，人とかかわることの大切さやかかわることの可能性に気づかせたいとき。

　みなさんには仲のいいお友だちがいると思います。
　そのお友だちとは，休み時間におしゃべりをしたり，一緒に遊んだりしていますね。もしかしてご近所同士だったら，家に帰ってからも遊んでいるかもしれません。
　それはそれでいいことですが，振り返ってみてほしいことが1つあります。それは，もしかしたら，その仲のいいお友だちと過ごすことが楽しすぎて，その他の友だちとおしゃべりしたり遊んだりすることが少なくなっていませんか，ということです。
　どうでしょうか。仲のいいお友だち以外の友だちとも，おしゃべりしたり，遊んだりしていますか？
　どうしてこのことを振り返ってもらいたいかというと，**いろいろな友だちと触れ合うと，それまで考えていなかったことに気づいたり，新しいアイデアが浮かんだりすることがある**からです。
　せっかく同じクラスになったのに，少しもおしゃべりをしたり遊んだりしないとしたら，とてももったいないことだからです。

　いろんな人と触れ合うことができると，社会に出てもたくさんのいいことがあります。
　これは，ある会社でのお話です。その会社ではあるときから，お昼ご飯を，

社員全員が一緒に社員食堂で食べるようにしました。しかも，座席はくじ引きで決めました。するとどうなったでしょう。何と，それがきっかけになって，今までにないすばらしい製品の開発に成功したのだそうです。

　なぜこれだけのことで，大きな成果が得られたのでしょうか。
　会社は，学校が学年やクラスで分けられているのと同じように，設計する仕事，製造する仕事，売り込む仕事など，仕事の種類によって分けられています。そうした人たちが1か所に集まり，自分や相手の仕事のことを話したり聞いたりしているうちに，新しい製品のアイデアが生まれたのですね。
　みなさんも，多くの友だちとせっかく1年間同じクラスで過ごしているのです。仲のいい人と過ごすのも，それはそれでよいものですが，たまにはいつもと違う人とコミュニケーションをとってみてはどうでしょうか。その中から，それまで気づかなかったことに気づいたり，新しいアイデアがひらめいたりすることがあるでしょう。
　ただ一緒におしゃべりをするだけでよいのです。
　でも，そこには**コミュニケーションのマジック**があります。
　みなさんの生活にも，コミュニケーションのマジックが起きたら，毎日がもっと充実したものになりますよ。

【参考文献】
ひすいこたろう『シアワセの取説』（インフォトップ出版）

> 思いやり・気配り・礼儀

友情は努力して育てるもの

相手に対する気配りは大切なことですが，親しい仲になるほど忘れてしまうことがあります。しかし，親しき仲にも礼儀ありというように，親しい間柄であっても気配りや思いやりを示すことは大事です。親しい仲であっても礼儀や気配りは大事だということを伝えたいときに。

　「親しき仲にも礼儀あり」ということわざがありますが，聞いたことがありますか？
　このことわざの意味は，「親しい間柄でも，礼儀を守るようにしなくてはならない」というものです。
　どうして親しい間柄でも礼儀を守らなければならないかというと，親しさが過ぎて，なれなれしくなると，けんかになってしまうことがあるからです。
　みなさんにも，学校のお友だちだったら我慢するけれど，自分の兄弟だったらけんかになってしまうということがあるのではないですか？　それは，兄弟の方が親し過ぎて，なれなれしいからです。なれなれしいと我慢することが難しくなるのですね。
　だからこそ，けんかにならないように，親しくても相手の人に対して礼儀正しく思いやりの気持ちをもって接することが大事ですよ，と教えてくれていることわざです。

　自動車をつくっているHONDA（ホンダ）という会社の前の社長さん，本田宗一郎さんは，世界的にも有名な方でした。本田さんは，人の名前を覚えるのが苦手だったそうです。それで，パーティのときなどは，招待した人の名前を忘れて失礼をしてしまわないように，相手の人の服装の特徴と名前を手のひらにマジックで書いていたそうです。

その本田さんが,あるパーティで,招待した外国人の方に,その人の名前を呼んであいさつをしました。するとその方は,名前を呼んであいさつしてくれたことにとても感激しました。ところが,本田さんの手のひらにマジックで名前が書いてあるのが,その人に見つかってしまいました。それで本田さんは理由を正直に答えたそうです。すると,相手の方は,怒るどころか,自分の名前を覚えるのに本田さんがこんなに努力をしていたということにさらに感激し,他のお客さんにそのことを紹介したのだそうです。
　このお話を聞いて,どんなことを思ったでしょうか？
　たとえそれがどんな方法であっても,**本田さんの中に気遣い,思いやりの心があり,それが通じたからこそ,相手の方もここまで感激した**のではないでしょうか。
　このように,友情とは努力して育てるものだと先生は思います。
　そして,親しき仲にも礼儀があることをわきまえることで,友情はさらに育っていくことになるのでしょう。
　私たちは,友だちになると仲良くなる努力や相手への思いやりを忘れてしまうことがあります。**友情を大切に育てていくためにも,親しいからこその思いやりや努力をもう一度見直してみたい**ものですね。

【参考文献】
本田宗一郎『得手に帆あげて』(三笠書房)

強い意志・意欲

強く思えば
思ったようになる

子どもたちの中には，自分は勉強が苦手，自分は友だちとうまくやれない，などと勝手に自分のマイナスイメージをつくっている子がいます。そのために自分に本来ある力を出し切れていません。そんな子どもたちに，できると思うことの大切さに気づかせたいとき。

　みなさんも担任の先生から「やる気が大事」「気持ちを込めてやろう」「できると思えばできる」といったお話を聞いたことがあると思います。何事をなすにも，気持ちが大事だということですね。どうせできない，自分には無理，などと考えていたら，本当はできるかもしれないことでも，できなくなってしまうことがあると思います。
　ですから，自分にはできる，うまくやれる，と思うことはとても大事なことなのです。
　でも，みなさんの中には，そう思ってもできないものはできないし，思うだけではあまり意味がないのではないかと思っている人もいるでしょう。信じていないのに口先だけで言っていてもあまり効果はありませんね。
　そこで，強く思い込むことで自分の感覚とか気持ちをコントロールできるというお話をしたいと思います。

　こんな実験が行われたことがありました。
　ちょっと熱いと感じるくらいの熱を，ふくらはぎに当てるんですね。すると，熱さによる痛みを感じます。このとき，ある音を一緒に聞かせます。そして，その音の間隔が短いときにはやや低い温度，音の間隔が長いときにはやや高い温度だと説明します。
　それから実際にそれを体験してもらい，実験を受ける人には，音の間隔が

長いと熱くて痛いんだと思い込んでもらいます。そうしておいて，実験では短い音の間隔でも，長い音の感覚でも，どちらも内緒で同じ高い温度をふくらはぎに当てるのです。

　結果はどうなったでしょうか。実験を受けた人は，いつも同じ高い温度を当てられていたのに，音の間隔が長いときに感じた熱さによる痛みよりも，音の間隔が短いときに感じた痛みの方が小さかったのです。これは，同じ熱さの痛みを与えているのに，「今は低い温度で痛みは小さいんだ」と思い込んでいたときには，あまり痛みを感じていなかったということです。

　このとき，実験を受けている人の脳をある装置で調べてみると，痛みが小さいと思い込むほど，脳の快感や不快感をコントロールする場所の活動が活発ではなくなっていたそうです。**脳の活動が活発でなくなると，体から痛みが伝わる部分の反応も鈍くなって，痛みを感じにくくなる**のだそうです。

　このことは何を示しているのでしょうか？
　人間って，そう思い込むことで体や感覚や気持をコントロールすることができるということではないでしょうか。
　みなさんの中には，「自分は消極的だ」「自分は友だちをつくるのが下手だ」「自分は人前に出るのが苦手だ」…，そんなふうに思っている人がいると思いますが，それは本当の自分ではないかもしれませんよ。ただそう思い込んでいるだけかもしれません。
　どこかの機会に，それとは反対に，**「自分は実は積極的なんだ」「自分は実は友だちをつくるのがうまいんだ」「自分は実は人前に出るのが得意なんだ」と思って行動してみるといい**のではないでしょうか。
　そう思うことで，みなさんの体も感覚もそうなっていく可能性が十分にありますよ。

【参考文献】
読売新聞（2005年9月6日）

忍耐

目標を達成するために
乗り越えなければならない苦しさ

目標を立てることは誰でもします。しかし目標を達成するために努力を続けるということは大変なことです。とはいえ，その努力の先にしか目標はありません。目標を達成するための努力がなかなか続かない子どもたちに，目標に見合った努力を続けることの大切さをわからせたいとき。

　みなさんは，今，どんな目標をもっているでしょうか？
　自分の目標を，今，思い出してみてください。
　学期のはじめに立てた目標でもいいですよ。
　さて，その目標を達成するために，みなさんは何かやっていますか？
　中には「目標は立てたけれども，努力は何もしていなかった」という人もいるかもしれません。でも，それでは目標を達成することはできませんね。
　当たり前のことですが，目標は立てただけでは意味がありません。その目標に向かって努力をすることが必要です。
　例えば，「漢字テストでいつも95点以上を取る」という目標を立てたとしましょう。漢字テストでいつも95点以上を取るためには，漢字の練習をがんばらなければなりません。それも，毎日練習していないと，95点以上はなかなか取れないでしょう。
　毎日漢字の練習をするのはつらいかもしれませんね。でも，そういうつらさや苦しさを乗り越えないと達成できない目標というものがあります。そういう目標を立てたら，少しくらいのつらさや苦しさは我慢して乗り越えていかなければなりません。

　ボクシングの選手でファイティング原田さんという方がいますが，この人は目標を達成するために，ものすごい苦しみに耐えました。

原田選手は，フライ級とバンタム級という，2つの階級で世界チャンピオンになったすばらしいボクサーでした。ボクシングの選手は体重を決められた重さまで減らさなければなりません。2人が同じくらいの体重で闘うためにです。ところが，原田選手は太りやすい体質だったそうで，体重を減らすのにはとても苦しんだそうです。

　1965年に，原田選手は世界バンタム級チャンピオンへの挑戦者となりました。相手のチャンピオンは47連勝中のものすごく強い人です。原田選手は，試合に備えて猛練習をしました。しかも，体重を減らしながらですから，ものすごく苦しいのだそうです。

　余りの苦しさに，最後はしゃべれなくなってきたり，トイレに行ったときにトイレの水でいいから飲みたい気持ちになったそうですが，**これだけ苦しんだんだから勝てないはずがない**とも思ったそうです。

　そして原田選手は，最強のチャンピオンと15ラウンドを闘い，判定で勝利して，世界バンタム級のチャンピオンになりました。

　トイレの水さえ飲みたくなるほどの苦しい努力を，原田選手はやり遂げました。どうしてそこまで苦しい練習が必要なのでしょうか？　それは，苦しむくらいの練習が体を鍛え，技を向上させることももちろんですが，**苦しみから逃げないで立ち向かい，苦しみを乗り越えるという経験が，その人の心も強くするから**ではないかと思います。よく，「心と技と体力の3つがそろっていないとなかなか勝つことはできない」と言われます。その3つを養うためにも，苦しみに耐え，苦しみを乗り越えることが必要なのだと思います。

　我慢し過ぎるのはよくありませんが，目標を達成するためには，それぞれの目標に合った苦しみを乗り越えることも必要なのでしょう。反対に考えれば，苦しいときは目標に近づいているときだということです。

　そう考えて，今日から目標達成のために努力をしてみてくださいね。

【参考資料】
笹川スポーツ財団HP「スポーツ歴史の検証　No.28　ファイティング原田」

自主性・協力

見ていないで
やってみよう

自分のやるべきことがわかっていても，勇気がなかったり，きっかけがなかったりして，なかなかそれができない子がいます。そういう子はいろんなチャンスを逃してしまうことも多いでしょう。そんな子どもたちに行動する勇気ときっかけを与えたいときに。

　みなさんにはこんなことがありませんか？
　授業中，先生がみなさんに質問をしました。みなさんにはその答えがわかっていました。何人かの友だちが手をあげました。みなさんも手をあげようとしたのですが，なんだか手をあげるのが恥ずかしくて，また，万が一間違っていたら嫌だなと思って，ついに手をあげられませんでした。
　どうでしょう。このような経験がみなさんにもあるのではないでしょうか。
　人はやってみたいと思っても，なかなか自分から進んでやることができないのですね。やってみる勇気がわいてこないのかもしれませんし，失敗するのが怖いのかもしれません。
　でも，**いつでも万が一のことを心配して何もしないでいると，せっかくのチャンスも逃してしまうことになります。**ですから，日頃から進んでチャレンジする習慣を身につけておくといいですよ。学級ではどんなに失敗しても，大きな問題にはなりません。たくさん失敗した方が勉強になるんだ，というくらいの気持ちで，どんどんチャレンジするといいのではないでしょうか。

　チャレンジといえば，校長先生はずっと昔に，テレビで見たある場面がずっと頭に残っています。それはこんな場面です。
　ある高校の学校祭で，「人間イス」のギネス記録に挑戦しました。イベントの中心は学校祭の実行委員の生徒たちでした。当日，校庭でそのイベント

が始まりました。全校生徒が参加してもギネス記録には全然足りないので，見学に来てくれた人たちにも呼びかけて，ギネス記録をつくろうと実行委員の生徒たちは考えていました。

　朝礼台の上に立った実行委員長が，生徒や見学に来た人たちに向かって，マイクで人間イスへの参加を呼びかけます。その呼びかけに応じて，生徒はもちろん，見学に来た人たちもどんどん集まって来ます。でも，なかなかギネス記録に迫るほどの長い列になっていかないのですね。実行委員長は朝礼台の上に立って，何度も何度も必死に呼びかけます。最後のころはもう泣きそうな声で，「ぜひ協力してください」と絶叫しているんですね。

　そんな中，ついに時間が来てしまいます。結果はどうなったでしょうか。結果は見事にギネス記録達成…とはならなかったのです。実は，当時のギネス記録にほんの少し足りなかったんですね。

　その結果が発表されたとき，実行委員長はマイクを握りしめ，朝礼台の上で泣きながら，参加してくれた人たちにお礼を言っていました。

　そのシーンの後，カメラがどんどんと引いていってまわりが映し出されたときに，校長先生はとても驚きました。なぜかというと，校庭のまわりの土手の上に，**人間イスに参加した人の人数よりもはるかにたくさんの人たちが，ただ立って，このイベントを見下ろしていた**からです。

　校長先生はこのような場面に出合ったら，進んで土手を下りる人でありたいなと思います。それが結局は自分が一番納得する道だからです。

　毎日の生活の中では，やるかやらないか，どちらかを選ぶ場面というのがたくさんあります。

　そんなときに，みなさんもこのお話を思い出して，やる方を選んでみてはどうでしょうか。**見ていないで行動することで，違ったものが見えてきて，違った生活が始まる**と思います。

　それがみなさんの可能性を広げていくことにつながるのではないでしょうか。

礼儀・自主性

返事やあいさつは自分のため

運動会や卒業式など，あらたまった場面でよい返事ができると，その子自身も保護者も教師もうれしいものです。しかし，そういう場でよい返事をすることは思いの外難しいものです。そんな指導場面で，返事のすばらしさを伝えたいときに。

　よい返事，よいあいさつができることはすばらしいことですね。
　○○小学校でも，よいあいさつができるように，毎朝，５年生と６年生が，あいさつ当番として校門に立って，あいさつをしています。
　みなさんも，担任の先生からあいさつの話を何度も聞いていることと思います。
　でも，残念なことに，校長先生が見ていると，あいさつ当番の人が大きな声であいさつをしても，黙って通り過ぎたり，聞こえるか聞こえないかくらいの小さい声であいさつをしたりする人が，まだまだたくさん見られます。
　よい返事，よいあいさつのできる○○小学校を目指して，ここでもう一度，あいさつについて考えてみましょう。

　返事やあいさつはだれのためにするのでしょうか？
　みなさんはどう思いますか？
　返事やあいさつは相手の人に向かってするものですから，相手の人のためにすると思うかもしれません。でも，校長先生は，相手のためにするのはもちろんですが，自分のためにもするのではないかと思っています。
　なぜなら，**すばらしい返事やあいさつができると，まず自分が気持ちいい**からです。また，**相手の人やまわりの人が自分を認めてくれ，高く評価してくれる**からです。

このように，自分にとっていいことがたくさんあるわけです。

こんなお話があります。
　大阪の中学校で陸上部の指導をされていた原田隆史先生という方がいます。指導していた陸上部の生徒の中に，家庭の事情でどうしても進学せずに就職して働かなくてはならない生徒がいました。原田先生は，何とかこの生徒を就職させてあげたいと考え，あることをしたそうです。
　何だと思いますか？
　ひたすら，「はい」という**返事だけを練習させた**そうです。それも，1000回もです。
　そして，原田先生は就職のための面接にも同行し，面接担当の方に，はじめに生徒の名前を呼んでほしいとお願いしたそうです。名前を呼ばれると，その生徒は胸のすくようなすばらしい返事をしました。その返事を聞いて，担当の方は非常に感心し，その生徒を採用したのだそうです。

　この生徒は，返事だけで働く場所を手に入れました。
　こんなふうに，返事ひとつがその人の人生を変えることがあるくらい，返事やあいさつというのは大事なものです。
　ですから，**小学生のうちにすばらしい返事やすばらしいあいさつを身につけたとしたら，それはこれからずっとみなさんの財産となって，みなさんを助けてくれるでしょう。**
　中学校でも高校でも職場でも，返事がすばらしい，あいさつが立派だと言われるのです。
　返事やあいさつは，相手のためでもあり自分のためでもあると思って，よい返事よいあいさつを心がけましょう。

【参考文献】
原田隆史『カリスマ体育教師の常勝教育』（日経BP社）

自律心・誇り

学校を代表する気持ちで

高学年の子どもに、自分が学校を代表しているという気持ちで行動するように話すことがよくあります。しかし、話がやや抽象的なためか、うまく伝わらないことが少なくありません。校外学習や対外試合の機会など、そのことを具体的に伝えたいときに。

　今日は、「1人が1校を代表する」ということについてお話をします。少し難しいお話ですので、1年生や2年生は少しがんばって聞いてくださいね。
　みなさんは社会科見学とか、生活科の町探検とかで学校の外に勉強に行くことがあると思います。高学年になると、陸上大会や水泳大会などのスポーツの大会でも出かけることがありますね。そういうときに、どんな心構えでいるといいだろうかというお話です。
　これは1年生でも6年生でも同じことです。
　例えば、1年生が校外学習で動物園に行ったとしましょう。
　動物園の係の方やその日見学に来ている人たちは、1年生を見て、「〇〇小学校の1年生だ」と思います。ですから、1年生のみなさんが、行儀よく礼儀正しくすれば、
　「〇〇小学校の子どもたちは、お行儀がよくて礼儀正しい」
と思われます。
　反対に、いたずらをしたり困ったことをしたりすれば、
　「〇〇小学校の子どもたちは、いたずらをしたり困ったことをしたりする」
と思われます。
　6年生は動物園に行っていないのに、6年生も一緒に「〇〇小学校の子どもたちは」と思われてしまうのです。
　このように、学校の外で活動するときには、みなさん一人ひとりの行動が

○○小学校全体を表すことになってしまうのです。

　これが、「1人が1校を代表する」ということです。ですから、学校の外で勉強をするときには、○○**小学校というバッジを胸につけているつもりで行動すること**が必要です。

　こういうことは学校だけに限らず、どんな集団でも言えることです。

　エーデルワイスという洋菓子の会社があります。この会社の会長さんは、ヨーロッパでの修行中に骨折し、病院に通いました。そのとき、タクシーの運転手さんや見知らぬ母子にまで親切にしてもらったそうです。これに感激した会長さんは、新入社員に、この会社のバッジをつけた以上、例え通勤や仕事の途中でも、身体の不自由な人に出会ったら、手を貸してあげなさい、と話しているそうです。そして社員もそれを必ず実践しているそうです。

　みなさんも、「○○小学校の子どもならば、登下校中でも校外学習中でも、こういうことに気をつけて過ごそう」「○○小学校に通っている子どもならば、**土曜日や日曜日、夏休みや冬休みなどでも、これだけは忘れないで生活しよう**」。

　そういうことをいつでも考えていることが、「1人が1校を代表する」ということです。

　もしもみなさん一人ひとりが、「1人が1校を代表する」という気持ちをいつも忘れずに行動することができたら、○○小学校はますます立派な学校になっていくのではないかと思います。

　校外学習などのときには、ぜひこのことを思い出してくださいね。

【参考文献】
比屋根毅『仕事魂』(致知出版社)

前向き・明朗

失敗した後が大事

ちょっとうまくいかなかったり失敗したりすると，くよくよしたり落ち込んだりして挽回することを忘れてしまう子がいます。失敗を挽回するところから学ぶことも多いのです。失敗してくよくよしがちな子どもたちに，機転を利かせて挽回することの大切さを伝えたいときに。

　だれにでも失敗することはありますね。
　思ったようにうまく行かずにがっかりすることもあります。
　ひどい失敗をしてしまって落ち込んでしまうこともあるでしょう。
　テストで思ったほど点数が取れなかったり，ピアノの発表会で大きな失敗をしてしまったり，陸上大会の決勝ですべって転んでしまったり，友だちについおかしなことを言ってしまい仲が悪くなったり，そういうことを経験したことのある人は多いのではないでしょうか。
　そのような失敗をしたときには，どうするのが一番いいと思いますか？
　反省することでしょうか。
　反省することも大事なことですね。
　でも，それよりも大事なことがあります。
　それは，**その失敗を挽回するためにどうするかを考えて，すぐに実行する**ことです。
　反対に失敗をいつまでもくよくよ考えているのはよくありません。くよくよ考えていても何も解決しないからです。
　解決しないどころか，失敗を挽回するためにどうするかを考えて実行すれば，そこからいろいろなことを学ぶことができるのに，そのチャンスすらも失ってしまうでしょう。
　失敗はだれにでもあることです。いつまでもくよくよしていないで，行動

するようにするとよいのです。

　失敗は，どんなに立派な人にも起こります。
　「料理の鉄人」として有名な道場六三郎さんという方がいます。この方はテレビでよく料理対決をしていましたが，あるとき，炊飯器のスイッチの押し方を間違い，ご飯が炊けていないことがあったそうです。やり直しても，制限時間内にご飯が炊けません。
　でも，そこからがさすが鉄人です。
　道場さんはご飯が炊けていなかったからといって，そのことをいつまでもくよくよしたりせず，高圧釜に入れてご飯を炊くことにしたのです。うまくいくかどうかわからない方法ですが，思い切ってやってみたことで，ご飯は何とか時間内に炊き上がりました。

　このように，**失敗やトラブルが起こったときこそ，短い時間の中で知恵を絞っていろいろなアイデアを出し，それを次々に実行していかないと，活動がそこで止まってしまう**のです。
　これは，みなさんが失敗したときも同じことです。
　失敗してくよくよしていると，活動が止まってしまいます。くよくよするよりも，「今度はこうやってみよう」「この次はこれを使ってみよう」と考えて，実際にそれを試してみると，失敗を挽回することもできるし，そこからいろいろなことも学べるでしょう。
　失敗したときには，ぜひこのことを思い出してくださいね。

【参考文献】
道場六三郎『伸びる男とダメな男はすぐわかる』（新講社）

生活習慣・作法

まず「型」を学ぶ

子どもたちも保護者も，時に教員も，「型」にはめることを嫌います。しかし，「型」を学ばずに何でも自由にやっていると，集団としての統一感や協調性が発揮されないことがあります。「型」を学ぶことの大切さを教えたいとき，「型」を学んでから型を破ることの大切さを教えたいときに。

　みなさんは決められた通りにやるのと，自由にやるのとではどちらが好きですか？
　自由にやるのが好きだという人が多いでしょうね。
　では，決められた通りにやるのと，自由にやるのとでは，どちらが大事だと思いますか？
　こう聞かれると，ちょっと迷ってしまう人もいるのではないかと思います。

　自由にできるというのは楽しいですよね。
　自分の思ったようにできるのですから，自分の好きなことが好きなようにできます。これに対して，決められたようにやるのは少し窮屈な感じがするかもしれませんね。
　決められた通りにすることを「型にはめる」と言うことがあります。決まった「型」があって，その型に合うようにするということですね。自由にやるというのは，そもそもこの「型」がない状態を言います。
　ところで，「型にはめる」のはよくないことなのでしょうか？
　校長先生は決してよくないということはないと思っています。「型にはめる」「型にはまる」「型を学ぶ」ということも，大事なことだと考えています。
　なぜなら，1つの「型」をもつということは，得意技をもつということと同じだからです。

スポーツでも勉強でも，みなさんにも得意な分野，得意な技があるのではないでしょうか。その得意技が「型」です。
　得意技をもっていると，試合でも有利になるので，「型」を学んだり，「型」を身につけたりすることは大事なことだと考えています。

　サントリーという会社のラグビー部は，一時は大変強かったのですが，だんだんと弱くなってしまいました。立て直しを託された土田雅人監督は，サントリーが弱くなった理由は，勝つことのできる戦い方のスタイル，つまり「型」をもっていないからだと考え，「型」をつくることから始めました。
　それは，どんなにゴールまで遠くても，キックを使わずにひたすらパスをつなぐというものでした。この「型」で，サントリーはどんどん勝ち進みましたが，当時最強の神戸製鋼にはどうしても勝てませんでした。土田監督は，そこで初めてキックを解禁します。つまり**「型」を破った**のです。その結果，神戸製鋼と引き分けることができ，２チーム優勝を成し遂げました。

　サントリーが勝てたのは，自分たちの「型」をつくって，それを押し通していったからです。ただ，それだけでは優勝はできませんでした。「型」をつくって「型」にはまった攻撃をしていったうえで，**ここぞというときに「型を破る」ということが，優勝につながった**のだと思います。
　この話からも，１つの「型」をもつことの大切さがわかると思います。自由にやるにしても「型」を学んでからならば，さらによい結果が生まれるのではないでしょうか。
　学校生活では「型」を学ぶことが多いと思いますが，「型」を学ぶことのよさを思い出して，精一杯学んでほしいと思います。

【参考文献】
土田雅人『「勝てる組織」をつくる意識革命の方法化』（東洋経済新報社）

適材適所・自分を知る

自分の力を発揮するのに適した場所を見つける

子どもたちにはそれぞれ何らかの得意分野がありますが，それが発揮できないと，自分には能力がないと思ってしまいがちです。それは自分の能力の問題ではなく，相性の問題です。自分に適した場所で能力を発揮することの大切さ，自分をもつことの大切さに気づかせたいときに。

　みなさんには，だれにでも何かしらの能力が備わっていると校長先生は思っています。「だれにでも」です。
　こんなことを言うと，
「自分は特別にこれができるということがないから，能力は備わっていないんじゃないか」
「勉強はあまり得意ではないから，自分には能力がないんじゃないか」
などと考える人もいるかもしれません。
　しかしそれは，**能力がないのではなくて，能力に気づいていないだけ**です。自分で自分自身の能力に気づいていないということです。
　どうしてそのようなことが言えるのかというと，**みなさんの力は，みなさんの力が一番うまく使える場所でないと，なかなか現れてこない**からです。
　例えば，鉄棒がとっても上手な子がいたとします。
　でも，今日の体育の時間はバスケットボールの学習です。その子は鉄棒だったらものすごく上手にできるのですが，バスケットボールの学習では鉄棒の技を見せることはできません。もしかしたら，バスケットボールは上手でなくて，自信をなくしてしまうかもしれませんね。
　こんなふうに，みなさんの能力には，それを出しやすい場所や場合があるのです。そういうことを**「適材適所」**と言います。
　自分の力を出すのに適した場所を見つけることが大事なのですね。

神社やお寺の建築や修理に携わる宮大工の西岡常一さんという方は，奈良にある法隆寺という古いお寺の解体修理をしたとき，「木を買わず，山を買え」という言葉が古くから守られていたことに気がついたそうです。山に生えている木には，本当はその山の環境によって１本１本にクセがあるそうなのですが，板や角材にされてしまうとわからなくなってしまいます。だから，木がほしいときは，自分で山に行って木のクセを見抜いてから買いなさいということです。

　木にはそれぞれクセがあるというのは，別の見方をすれば，木にもそれぞれ力を発揮しやすい場所や場合があるということです。これは，木の能力と言ってもいいかもしれないですね。
　わたしたちの能力もこれと同じです。
　自分の能力に一番合っているところで力を使えば，大いに役に立ちます。しかし，自分の能力に合っていないところで使っていても，あまり役に立ちません。自分の力がどこで一番役に立つのか，その場所や場合を見つけることが何より大事なのです。
　それを見つけることも，大事な勉強の１つかもしれませんね。

【参考文献】
西岡常一『木のいのち木のこころ〈天〉』（草思社）

想像力・発想力

短所は長所

当たり前に考えると，役に立つものは役に立ち，役に立たないものは役に立ちません。しかし，逆転の発想をすると，役に立たなかったものが役に立つことがあります。それは自分の欠点を役立てることにもつながります。逆転の発想の大切さに気づかせたいときに。

「長所と短所」という言葉を聞いたことがありますか？
　長所というのは，自分の性格や能力のうち，特に優れている部分のことですね。短所というのはその反対で，自分の性格や能力のうち，劣っている部分のことです。
　だれにでも長所と短所はあるのですが，**だれの長所も短所になることがあるし，だれの短所も長所になることがあります。**
　つまり，考え方次第で，その人の性格や能力は長所にも短所にもなるということです。
　例えば，すぐにおしゃべりをしてしまうというのは，みんなが黙って真剣に何かを考えるような場面では，短所と言えるかもしれません。でも，はじめて会った人ばかりで，みんなが緊張しているような場面では，おしゃべりな性格は長所になるかもしれません。
　庭に雑草がたくさん生えてしまったら，「草をむしるのが大変だなぁ」と思うので，多くの人にとって，雑草が多いというのは生活しているところの短所です。でも，もしもその家に住む人が雑草の研究をしている人だったらどうでしょうか。研究のためにこれ以上恵まれた環境はありません。庭に雑草が多いということでさえ，長所になってしまうのです。
　こんなふうに，考え方次第で短所が長所になったりするのです。**自分では短所だと思っていたことも，逆に考えてみたり，何か別の役に立たないかと**

考えてみたりすると，長所に見えてくることがありますよ。

　そんな逆転の発想を，町全体でやったところがあります。新潟県の安塚町です（現在は上越市）。雪がとてもたくさん降る新潟県の安塚町（今の上越市）は，あまりにも雪が多いので，住む人の数がどんどん減っていたそうです。町の人たちも，雪がたくさん降ることを町の短所だと考えていたのですが，あるとき雪を詰めて販売する「雪の宅配便」というアイデアを思いついた人がいて，それがあっという間に全国に広まり，大きな評判になったそうです。今まで町の短所だと思っていた雪の多さを，逆転の発想で，長所に変えたのですね。

　安塚町の人たちが，「雪が多いから何をしてもダメだ」と思い，雪の多さを町の短所としてしか考えなかったら，こんなことは起こらなかったでしょう。
　これはみなさんについても言えることです。
　自分の性格や能力で，うまくいかないことやダメだなと思っていることを，短所としてしか考えなかったら，それはいつまで経っても短所でしかありません。
　でも，逆転の発想で，その短所を長所に変えてみようと工夫すると，今まで気がつかなかったよさに気がついたり，新しいアイデアがひらめいたりすることがあるかもしれません。
　短所は長所。
　そのことをいつも頭に入れておくとよいと思いますよ。

【参考文献】
矢野学『鄙人の発想』（かんき出版）

向上心・伝統文化

強い思いは
岩をも突き通す

一念岩をも通す，ということわざがあります。一途に思いを込めてやれば，成就するという意味です。何事もそれだけに力を注げば，その道の専門家になれるでしょう。なかなか1つのことに集中できない子どもたちに，1つのことをやりきることの大切さに気づかせたいときに。

「一念岩をも通す」ということわざを知っていますか？

「一念」という言葉の意味は，そればかりをずっと思い続けているということです。そういう強い思いは，大きな岩さえも突き通してしまうということです。要するに，**「強い気持ちをもってすれば，どんなことでもできるものだ」**という意味を表しています。

みなさんは，そういう強い気持ちをもって，何かに挑戦したことがありますか？

例えば，テストを受けるとき，

「絶対にこのテストで100点を取るんだ」

と思って勉強したり，テストを受けたりしたことがありますか？

野球やサッカーの大会で，

「何が何でも今度の試合に勝つんだ」

という強い気持ちをもって，毎日練習に励んだり，試合に臨んだりしたことがありますか？

100点を取りたい，あるいは試合に勝ちたいという気持ちはあっても，岩さえも突き通すような強い思いをもって，テストに向けた勉強をしたり練習をしたりすることは，あまりないかもしれませんね。

でも，そういう強い気持ちをもって勉強したりスポーツをしたり習い事をしたりすると，何となくやっているより大きな成果を上げることができます。

世の中には，強い気持ちで１つのことに集中し，大きなことを成し遂げた人がたくさんいます。映画俳優の福本清三さんという方もその１人です。福本さんは「日本一の斬られ役」と言われています。斬られ役とは，映画やテレビの時代劇で，誰かに斬られる役のことです。あるとき，福本さんは先輩から，斬られ方というのはないから教えられないと言われ，それなら自分が斬られ役を極めてみようと考えました。それからは，死んだ人の役をしているときも，薄目を開けて先輩の斬られ方を見るなど，強い思いをもって斬られ役に取り組んだのです。こうして福本さんは，自分なりの斬られ方を研究し，映画やドラマの中で，何と50,000回以上も斬られたのだそうです。

　福本さんの斬られ方にかける思いや気持ちは，まさに「一念」と呼ぶのにふさわしいのではないでしょうか。
　だからこそ，「日本一の斬られ役」になれたのですね。
　みなさんも何かにチャレンジするときには，ぜひ強い気持ちをもってチャレンジしてみてください。
　また，１つのことを強い気持ちでやり続けるというのもいいですね。
　みなさんが「一念岩をも通す」の気持ちで何かに挑戦し，すばらしい成果を上げることを先生は期待しています。

【参考文献】
福本清三『どこかでだれかが見ていてくれる』(集英社)

思いやり・相互理解

「相手が先，自分は後」が自分のため

子どもたちはどうしてもまず自分の利益を考えてしまいます。それは当然ですが，生活をしているとそれではうまくいかないことが多くなります。まず相手のことを先に考えることの大切さに気づかせたいとき，自分勝手なふるまいを振り返らせたいときに。

　人が亡くなってから行く，極楽と地獄について，こんなお話があります。
　極楽も地獄も食事の時間になりました。
　どちらも同じ食器で，同じ箸で，同じ物を食べます。ただ，このお箸はとても変わっていて，ものすごく長いのだそうです。人の腕の長さよりも長いので，食べ物をはさむことはできますが，長すぎて自分の口にうまく食べ物が運べません。
　地獄の人たちは，お腹が空いているのに食べられなくてイライラしています。そのうちけんかが始まって大変なことになってしまいました。
　ところが，極楽の人たちは，いつでもだれもがお腹いっぱいいただいて，大満足です。
　どちらも同じ長い箸を使っているのに，いったい何が違うのでしょうか？
　実は，**極楽の人たちは食べ物を箸ではさむと，自分で食べずに向かい側の人に食べさせてあげていた**のです。そうすると，向かい側の人が自分に食べさせてくれます。こうしてお互いに食べさせてあげるので，みんながお腹いっぱい食べることができたのです。
　こんなふうに，相手のことを先にすると，お互いにいい思いをすることがありますね。
　これは，お話の世界だけのことではありません。実際にもよく起こることなのです。

ミキハウスという子ども服の会社の社長で木村皓一さんという方がいます。木村さんは会社をつくったばかりのころ、いろいろなところにセールスに出かけましたが、売れるどころか、話も聞いてもらえなかったそうです。
　あまりにも断られるので、木村さんはどうすればいいかをよく考え、「このお店に何かお役に立つことはないですか？」と尋ねることにしたそうです。これまではすぐに「取引してほしい」と話していたのですが、それより先に、相手のお店の役に立てないだろうか、ということを考えたのですね。それからは、相手のお店の方が次々に友だちのお店を紹介してくれて、たくさんの注文をもらうことができるようになったそうです。

　木村さんは、**最初は自分の立場で考えて「物を買ってくれ」という気持ちでいましたが、途中から、相手の立場で考え、相手のために何ができるかをまず考えようとした**のです。
　私たちも、ともすると自分のことばかりを一番に考えてしまいがちではないでしょうか。自分を大事にするのもよいことですが、生活をしていると、そればかり考えていては、うまくいかないこともたくさんあります。
　自分のことよりも、相手のことをまず考えてみましょう。それが、結局は自分にとってもよいことになるものですよ。

【参考文献】
木村皓一『惚れて通えば千里も一里』（三起商行）

向上心・寛容

コンプレックを強さに変える

他の人と比べて,自分にないものや,自分にうまくできないものに,コンプレックスを感じるのは自然なことです。しかし,気にしすぎてしまうと毎日が楽しくありません。コンプレックスをさらけだすと強さに変えることができます。子どもたちに自信をもたせたいときに。

　みなさんも,ついつい友だちと比べてしまったり,まわりの子と比べてしまったりすることがあると思います。
　「まわりの子と比べて,自分はできてないなぁ」
　「自分はここが足りないなぁ」
といったふうに思ってしまうことを,劣等感とかコンプレックスということがあります。
　劣等感とかコンプレックスというのは,実はだれにでもあることで,それは悪いことではありません。
　ただ,劣等感とかコンプレックスを感じて,
　「自分はダメな人間だ」
　「自分はどうせできないからやらないでいよう」
　「自分ができないのは塾に行かないからで仕方がない」
などと考えてしまうのはよくありません。
　劣等感やコンプレックスは,上手に使うと,自分が成長するための大きな力になることがあります。例えば,友だちに比べて成績がよくないから,がんばって同じくらいの成績になろうと努力する,人前で発表するのが苦手だから,発表する人にいい原稿を書く仕事をがんばってみる,などということです。

自分のコンプレックスを上手に生かした人に，お笑い手品師のマギー司郎さんがいらっしゃいます。テレビで見たことのある人も多いのではないでしょうか。

　マギー司郎さんは，ちゃんとした手品の師匠に弟子入りして，正統派のマジシャンを目指していたのですが，生まれつき手先が器用でなくて，手品がかっこよく決まらないことに悩まされていたそうです。しかし，あるときお客さんに対して自分がマジックが下手であることを訛りのある言い方で言い訳したら，それをお客さんがおもしろがってくれたのです。

　それから，自分のダメなところやカッコ悪いところを，隠さないで正直にしゃべっていくうちに，お客さんにウケるようになり，人気マジシャンとして活躍するようになりました。

　マギーさんは不器用で手品が下手でした。
　マジシャンとして劣等感，コンプレックスをもっていたのですね。
　でも，ある日偶然に，自分のダメなところを隠さずにしゃべったら，お客さんにウケました。**自分の劣等感を隠すのではなくて，上手に利用したのです**ね。
　はじめに言いましたが，わたしたちはだれでも劣等感をもっています。
　マギーさんと同じです。
　マギーさんが，その劣等感を隠さなかったように，わたしたちも，自分の劣等感を隠さず，堂々と見せたうえで上手に利用できると，マギーさんのように成功するきっかけがつかめるのではないかと思います。
　みなさんも，ぜひ一度，自分の劣等感を隠さずに，向き合ってみてください。そこから新しい自分が発見できるかもしれませんよ。

【参考文献】
マギー司郎『生きてるだけでだいたい OK』（講談社）

勤労・愛校心

掃除は心を込めて

清掃活動はどうしてもおざなりになりやすいものです。それは，どうして清掃をしなければならないのかがわかっていないからです。清掃は何のためにするのかを子どもたちに考えてもらいたいとき，清掃を真剣にやらない子どもたちに自分自身を振り返ってもらいたいときに。

　みなさん，毎日○○小学校をきれいに掃除してくれて，ありがとうございます。
　みなさんのおかげで，学校がいつもきれいになっていて，お客様をお迎えするときにも助かっています。
　ところで，掃除は何のためにするのでしょうね？
　ちょっと考えてみてください。
　学校をきれいにしたり汚れているところをきれいにするためですよね。
　では，なぜ学校をきれいにするのでしょうか？
　学校は勉強をするところですから，そんなにきれいでなくても，ちゃんと勉強ができればいいのではないでしょうか？　それなのに，なぜ毎日清掃をするのでしょうか？
　それから，どうして学校は子どもたちと先生で掃除をするのでしょうか？専門の人に頼んで掃除をしてもらった方が，きれいになるのではないでしょうか？　専門の人が無理ならば，みなさんのお父さんお母さんや地域の人たちに来てもらった方がきれいになるのではないでしょうか？
　そんなことを考えてみると，みなさんが毎日掃除をしていることには，大切な目的があるということがわかります。
　目的の1つは，**掃除から学ぶことがたくさんある**ということです。掃除をすることで，自分が使う場所はきれいにしておくとやる気が出ること，もの

は大切にするということ，一生懸命に働くことは大事だということ，お互いに協力すること，などを学ぶことができます。

　ただ，いい加減な気持ちで取り組んだり，15分間適当にやればいいんだと思って取り組んでいたりしたのでは，学ぶことはできないでしょうね。仕方なくやるのではダメだということです。

　ホンダクリオ新神奈川（現ホンダカーズ中央神奈川）という，自動車を販売している会社があります。この会社ではもう何十年も近所の掃除を続けているそうです。会社が始まる1時間前には全員がそろい，会社のまわり1kmほどを掃除するのだそうですが，それを近所の人が話してくれて，市役所から何度も表彰されているそうです。

　この会社の社長さんは，スーツで掃除をしても本気で掃除をしているとは思われないから，本気で掃除をするなら掃除用の服に着替えようとか，雨が降っている日はむしろ喜んで掃除をすれば，苦労した分だけお客様はちゃんと見ていてくれるとかと，おっしゃっているそうです。

　掃除は，それだけ真剣になって取り組むことが大切だということですね。

　何となく掃除をしているのでは，あまり意味がありません。
　何のために掃除をするのか，なぜきれいにするのか，なぜ汚れをとるのか，なぜ自分たちでするのか。
　そういうことを真剣に考えながら掃除ができると，掃除から学ぶことも多くなると思います。
　今日の掃除の時間にぜひ考えてみてください。

【参考文献】
相澤賢二『サービスの底力！』（PHP研究所）

親孝行・家族愛

親は身近な神様，仏様

自分の親への愛情はほとんどの子がもっていますが，改めて考えてみないと気づくのは難しいことでもあります。親の何気ない行動に込められた愛情に気づかせたいとき，愛情の深さ，純粋さに気づかせたいとき，気づかせたうえで親への感謝の気持ちをもたせたいときなどに。

　みなさんにはお父さんとお母さんがいます。いろいろなわけがあって，今，一緒に住んではいないという人もいると思いますが，今は一緒にいないというだけで，お父さんとお母さんがいますね。
　みなさんが，今日学校に来て，友だちと楽しく遊べたり，給食をおいしく食べられたり，勉強して賢くなれたりするのも，お父さんとお母さんがいたからですね。**お父さんとお母さんがいなければ，みなさんはこの世の中に生まれてきていません。**それだけでも，お父さんやお母さんに感謝の気持ちをもちたいですね。
　みなさんの中で，普段からお父さんお母さんにお礼の言葉を伝えている人はどれくらいいますか？　あまり多くはありませんね。感謝の気持ちは十分にもっていると思いますが，普段は忘れてしまっているという人が多いと思います。校長先生もその１人です。
　ですから，ときどき感謝の気持ちを思い出して，伝えるようにするといいですね。今日は，お父さんお母さんのありがたさがわかるお話を１つしますから，お話をよく聞いて，お父さんお母さんへの感謝の気持ちをあらためてもつことにしましょう。

　昔，中国に楊黼（ようふ）という若者がいました。楊黼はあるとき，遠いところに立派なお坊様がいらっしゃるという話を聞き，お会いしていろいろ教えてもら

おうと，お父さんお母さんに別れを告げて旅に出ました。
　しばらく行くと年を取ったお坊様に会いました。楊黼はそのお坊様に丁寧にごあいさつをして，お話をしました。
　「私は菩薩様を訪ねて仏教について学ぼうと思っています」と楊黼が言うと，お坊様が「菩薩様に会うよりも仏様に会った方がいいでしょう」と言います。そこで楊黼は，「仏様がどちらにいらっしゃるか，ご存じでしたら教えてください」とお願いをしました。するとお坊様が，「早くあなたの家に帰りなさい。あなたが帰ったときに，頭からふとんをかぶり，靴を反対に履いた人が出迎えてくれるでしょう。その人こそ仏様ですよ」と教えてくれたのです。
　それを聞いて楊黼は大急ぎで家に帰りました。帰ったときには夜中になっていて，家は真っ暗でした。楊黼は家の入り口を叩いて「お母さん，今帰りました」と中に向かって呼びかけました。
　そのとき，母親はもう寝床で休んでいます。でも，自分の大事な息子が帰ってきたという声を聞くと，うれしくてうれしくて，寝床から踊るように飛び起きました。そして，服を着る時間も惜しくて，かけていた布団をただ肩の上から羽織り，慌てていたので靴を右左反対に履いて，急いで戸を開けて楊黼を迎え入れたのです。
　その母親の姿を見たとき，楊黼ははっきりとわかりました。**自分の親こそが仏様**だということを，です。それから楊黼は，できる限りの親孝行をして暮らしました。

　この若者のお母さんが特別なのではありません。みなさんのお父さんやお母さんも，みんなこういう気持ちを心の中にずっともっています。こんなに思ってもらえるのは，本当にありがたいことです。今日は1日，お父さんやお母さんに感謝の気持ちをもって過ごしましょう。

節制・向上心

自分を信用しないほどの厳しさ

他人にやさしく，自分に厳しいことがよく求められますが，自分に厳しくするというのは難しいものです。ついつい自分には甘くなってしまう子も多いでしょう。自分に厳しくするとはどういうことか考えさせたいとき，自分に甘い子どもたちに行動を振り返らせたいときに。

　校長先生はサッカーが好きで，時間があると，世界中のサッカーの試合を見ています。世界中のサッカーの試合を見せてくれる番組があるんですね。その番組を契約して，いろいろな試合を楽しんでいます。
　すると，つい夢中になってしまって，見るのがやめられなくなることがあるんですね。あと１時間見たらやめようとか，この試合だけ見たらやめようとかと思うのですが，１時間でやめられなかったり，１試合だけでやめられなかったりすることがよくあります。
　こういうのを，自分に甘いとか，自分に厳しくないとかと言うことがありますね。自分のすることに対して，自分で，
　「これくらいはいいかな」
　「それくらいはしょうがない」
などと思ってしまうことです。
　みなさんにもそういうことはありませんか？
　ゲームがやめられないとか，宿題を後回しにしてしまうとか…。
　ありますよね？
　でも，そうやって自分に甘くしていると，いつの間にか生活習慣が乱れてきます。勉強や健康にも影響してきますね。
　自分に決められたルールを，自分に厳しく守らせるようにすることが大事だということです。自分に厳しくするということですね。

例えば，自分に厳しい人というのはこういう人のことを言います。木村大さんと言って，プロのギタリストです。ただのギタリストではありません。天才ギタリストです。どうして天才かと言うと，ギターのコンクールでは世界最高水準と言われる「東京国際ギターコンクール」の第39回大会で見事に優勝をしているからです。しかも，そのとき木村さんはたったの14歳でした。中学生のときに世界最高水準の大会で優勝したのです。

　そんな木村さんは5歳のときからギターを始め，毎日練習していましたが，そのギターの練習ができないかもしれないという日があったそうです。中学3年の修学旅行の日です。

　木村さんはなんと，修学旅行を休んでしまいました。下手になるのが嫌だという理由です。修学旅行にギターを持って行くようすすめてくれた友だちもいたそうですが，木村さんは，修学旅行みたいな楽しいところに行くと，自分が練習しないとわかっていたので休むことにしたそうです。

自分の弱さを知って，そうならないようにする。

　これが強さでもあり，厳しさでもあります。
　自分に克つということですね。
　校長先生は，みなさんに修学旅行を休んでまで大事なことをしろとは言いません。
　でも，いつでもできるようなちょっとした楽しみに負けて，自分のやるべきことや目標にしていることを休んでしまうような弱さは捨てて，自分に厳しくなってほしいと思います。
　もしも怠けそうな自分に気がついたら，この木村さんのお話を思い出してがんばってみてくださいね。

【参考】
ラジオ番組『押尾コータローの押しても弾いても』2013年8月19日放送ほか

真理の追究・自然愛護・好奇心

好奇心をもって試せば失敗も成功に

いろいろなことに興味・関心をもつのはいいことです。またできれば，興味・関心をもったうえで，やってみることができたら最高です。好奇心は学問への扉を開きます。子どもたちに好奇心をもつこと，好奇心をもったらやってみることをすすめたいときに。

みなさん「好奇心」という言葉を聞いたことがありますか？

「好奇心」というのは，珍しいものや自分が知らないことに興味や関心をもつ心のことです。

好奇心の強い人は，いろいろといいことがあります。

まず，「どうしてか」「なぜ」「知りたい」という気持ちが強いので，自分からいろいろと勉強するようになります。そうすると成績も上がります。

次に，好奇心が強いといろいろなことに興味がわいてきますから，わくわくしている時間が多くなります。わくわくしている人のそばにいたら，そばにいる人も何だかうれしくなりますよね。だから，お友だちも多くなりますし，近所の人から好かれるようになります。

さらに，好奇心が強いと，いろいろと考えたり工夫したりすることが多くなるので，何か困ったことが起きても，工夫してそれを乗り越えることが上手にできるようになります。

こんなふうに，好奇心が強いといいことがたくさんありますので，普段からいろいろなことに興味関心をもつようにして，自分の好奇心を高めておくといいですよ。

ところで，好奇心というのは，珍しいものや自分の知らないことに，興味や関心をもつことですが，**興味や関心をもったところで終わってしまうともったいないのです。**興味や関心をもったら，その先に，何かやってみるとい

いのです。**やってみてわかったことは，読んだり聞いたりして知ったことよりも，強く印象に残ります。**

　校長先生が小学生だったころのことです。ある日，校長先生の妹と隣の家の男の子と3人で近所で遊んでいました。そのころは大きな建物はあまりなく，あちこちに広い空き地や原っぱのようなものがありました。
　その日は何日か雨が降った後で，3人で遊んでいると，広い空き地のようなところに，けっこう大きな水たまりができていました。プールくらいの大きさの水たまりでした。その水たまりのそばに，板をつなぎ合わせて畳2枚分くらいの大きさにしたものが落ちていました。
　校長先生はそれを見た瞬間，「これは，いかだにして水たまりを向こうまで渡れるかもしれない」とひらめきました。それで，3人でその板を水たまりに浮かべてみました。そうしたらちゃんと浮かんだのです。それでうれしくなって3人で乗ってみました。ちゃんと乗れました。いよいよ出発です。そばに落ちていた長い棒で地面を押して，水たまりの中に進みました。
　どうなったでしょうか？　みなさんの想像の通りですよ。板はどんどん沈んでいって，3人とも靴や靴下がずぶ濡れになりました。

　校長先生は，板に乗って進めるかどうかということに，強い好奇心をもったのですね。そして実際にそれをやってみました。結果は大失敗でした。でも，大失敗することがよくわかったわけです。それだけでも大成功です。
　好奇心をもってやってみると，こんなふうに失敗することもよくありますが，本当は失敗でも何でもないのですね。なぜかというと，**もともとどうなるかわからないことを試しているので，どうなったとしても，それがわかることが成功**だからです。
　こんなふうに，好奇心をもったら実際にやってみる，試してみると，いろいろなことがわかり，そこからさらに好奇心が強くなるかもしれません。
　毎日の生活の中で，心がけてみてください。

勤労・強い意志

一生懸命とはどういうことか

一生懸命にやればそれなりに成果が出ることはわかっていても、一生懸命のレベルが人によって違うので、うまくいかないことがあります。一生懸命のとらえ方が甘くて成果が出ない子どもや、一生懸命にやれない子どもに、意識を変えてほしいときに。

　みなさん、何かに一生懸命取り組むのはいいことでしょうか、悪いことでしょうか？
　考えるまでもありませんね。
　一生懸命に取り組むことはとてもいいことです。
　なぜかというと、一生懸命に取り組めば、いろいろなことができるようになったり、わかるようになったり、もっと上手になったりするからです。
　ところが、一生懸命に取り組むことがいいとわかっていても、なかなか取り組めませんね。
　どうしてでしょうか？
　理由の１つが、**一生懸命に取り組むってどういうことなのかがわからないから**ということです。例えば、漢字の練習に一生懸命に取り組むというのは、どういうふうにやることなのでしょうか。きっとみなさん一人ひとり、考えていることが違うでしょうね。
　一生懸命の懸命というのは難しい漢字ですけれども、「命を懸ける」と読むことができます。懸命にやるというのは、命懸けでやるということです。もちろん、本当に命を懸けるのではなく、**命を懸けるくらいの強い気持ちで取り組む**ということですね。
　命を懸けるくらいの強い気持ちですから、普通の取り組み方ではありません。他の人が聞いたらびっくりするくらいのことかもしれません。それくら

いの強い気持ちで取り組むと，いろいろなことができるようになるでしょう。

　美容師をしている國分利治さんという方は，全国に200くらいのお店を出している大きな美容室を経営しています。

　國分さんは，美容師になってあるお店で見習いとして働き始めます。高校生のときの夢だった経営者を目指すのですが，見習いなので技術にも自信がなく，休まないで働き続けることにしたそうです。

　ところが，國分さんの考える，この「休まないで働き続ける」ことは，とてもすごく，だれよりも早くお店に来て仕事をして，仕事が終わったら頼まれてもいないのにお店のチラシを配り，10年間働いて休んだのはたったの10日（お正月の１日だけ）だったそうです。この一生懸命さを見たお店の経営者が若い國分さんを店長に取り立ててくれ，やがて独立して，大きな美容サロングループをつくっていきました。

　何ともすごい話ですね。

　國分さんの一生懸命というのは，わたしたちの考える一生懸命とはレベルが違うような気がします。なにしろ10年間で10日しか休まず働き続けたのですからね。

　わたしたちは，とても國分さんの真似はできませんが，一生懸命に取り組むとはどういうことなのか，１つの例として，参考になるのではないでしょうか。

　國分さんほどではなくても，國分さんの話を思い出して，自分にできるかぎりの一生懸命さで取り組むと，成果もまた上がってくるのではないかと思います。

【参考文献】
國分利治『成功を引き寄せる地道力』（扶桑社）

個性の伸長

自分の知らない自分に個性が出る

自分のことは自分が一番よく知っているようで，実はそうでもないものです。ですから，頼まれても自分には無理と断ってしまったけど，その断ったことが実は自分によく合っているということがあります。個性を知るには，いろいろとやってみることも大事だということに気づかせたいときに。

　学級でいろいろな役割を決めることがありますね。学級の係とか，高学年ならばクラブ活動や委員会活動ですが，その他にも，運動会の係を決めたり選手を決めたり，学習発表会の担当を決めたりもしますね。
　そんなときの決め方は，だいたいが自分の希望だと思います。自分がなりたい役ややってみたい仕事を希望していると思います。ただし，全員が希望通りになれることはありませんね。ときには，自分が希望していない係や希望していない役，希望していない仕事になることもあると思います。
　その他に，だれかから推薦されるということはありませんか？　推薦というのは，例えば，
「このおじいさんの役は，○○さんがいいと思います」
「応援団長は○○さんが元気があっていいと思います」
というように，自分で希望していなくても，他の人がその仕事やその役にぴったりだと思って，選んでくれることです。
　こんなときに，
「自分が希望した仕事じゃないから嫌だな」
「選んでくれたのはうれしいけど，自分にはその役は向いてないんじゃないかな」
「自分はその仕事はしたくないな」
などと，後ろ向きに考えてしまうこともあるかもしれません。

しかし，実は，そういうときって，自分のことをよく知るチャンスなんですよ。
　どうしてかというと，**自分で向いてないと思っているだけで，そういう仕事やそういう役が，自分にはぴったりかもしれないから**です。
　私たちは，**自分で自分のことをわかっているつもりで，実はよく分かっていないことが多い**のです。ですから，そういうときには，積極的に挑戦してみるといいと思います。

　少し前に亡くなられた児玉清さんという俳優さんは，背が高くてスラッとした方でした。その児玉さんに，ある日NHKからドラマで徳川家康の役を演じてほしいという依頼が来たそうです。徳川家康といえば，小太りで白髪があって丸顔の貫禄のあるおじさんというイメージなので，背が高くてスラッとしている児玉さんは驚きました。
　それでもその役を引き受け，放送中は特に評判がよくも悪くもなく，無事に終わったのですが，その次の年のこと，厳しいことで有名なテレビ会社の方が「あの徳川家康は最高によかった」とわざわざ伝えに来てくれたそうです。その後も，よかったと言われるのは，徳川家康の役がダントツに多かったそうです。

　こんなふうに，**自分ではとても向いていないと思うようなところに，実は自分の個性が一番よく出ることがあります。**
　ですから，自分の希望ではない仕事，向いているとは思えない役をやることになっても，がっかりせず，自分の新しい面がわかるかもしれないと思って，精一杯取り組んでみてください。
　それが自分の成長につながっていくと思いますよ。

【参考文献】
児玉清『負けるのは美しく』（集英社）

友情・思いやり

つらいときそばにいるのが
本当の友だち

調子がいいときや元気なときには，友だちはたくさんできます。しかし，調子が悪いとき困っているときには，まわりの友だちは少なくなってしまいます。そんなときにそばにいてくれる人は本当の友だちです。友情について考えさせたいとき，本当の友だちについて考えさせたいときに。

　みなさん，本当の友だちってどんな友だちでしょうね？
　道徳の時間に，本当の友だちってどんな友だちだろうか考えたことがあるのではないでしょうか。そのとき，きっといろいろな意見が出されたことと思います。
　本当の友だちってどんな友だちなのか，それを1つに決めるのは難しそうですね。
　ところで，みなさんは『杜子春』というお話を知っていますか？
　杜子春が仙人のおかげでお金持ちになると，たくさんの人がちやほやしてくれるのですが，お金がなくなったとたんに，そういう人たちがいなくなってしまうという場面が，何度か出てきます。
　お金のあるなしだけではなく，その人がもっているものや，やっていることが目当てで集まってくる人は，もっているものがなくなったり，できていたことができなくなったりすると，まわりからいなくなってしまうでしょう。そういう人は本当の友だちとは言えないかもしれませんね。
　いつでもどんなことがあっても，友だちでいてくれる人が本当の友だちではないかと校長先生は思います。そばにいられればそばにいて，そばにいられなければ，電話やメールや手紙で，心が通じていることを伝えてくれるような友だちですね。

ボクシングで日本人の世界チャンピオンを6人も育てた伝説のトレーナーがいます。ハワイ出身のエディ・タウンゼントという人です。
　友利正さんという選手が世界チャンピオンになったとき，試合後の控え室にたくさんの人がお祝いに来てくれたので，エディさんは友利選手にみんなにお礼を言うよう伝えました。
　その後，友利選手は最初の防衛戦で負けてしまったのですが，試合に負けた日の夜，友利選手が宿舎に戻ったときには，自分の家族や近い親類の他には，エディさんしかいなかったそうです。チャンピオンになったときにはあんなに人がいたのにです。でも，エディさんは友利選手のそばにいて，試合の後で顔がはれてシャワーも浴びられない友利選手の髪の毛を洗ってあげたうえ，朝までずっと一緒にいたそうです。

　このエディさんのように，**相手の人が困っているときやつらいとき，落ち込んでいるときにも，ずっとそばにいて励ましてくれるような人が，本当の友だち**なのではないでしょうか。
　みなさんも，そういう友だちの1人になれるといいですね。
　お互いにそういう友だち同士でいられたら，それはもっとすてきなことですよね。これからの生活の中で，本当の友だちになることを目指していけるといいと思います。もちろん，今もうなっているとしたら，こんなにすばらしいことはありません。

【参考文献】
百合子・タウンゼント監修『オーケー！ボーイ』（卓球王国）

真理の探究・創造

見ることの難しさ

　わたしたちは見ているようで意外に見ていないものです。担任の先生の服の色を改めて聞かれると，答えられない子どもも多いでしょう。それだけよく見ていないのです。よく見ることの大切さに気づかせたいときや，よく見ることを体験させたいときに。

　みなさん，ちょっと目をつぶってみてください。では，目をつぶったまま思い出してみてくださいね。
　校長先生の今日のネクタイの色は何色だったでしょうか？
　見ないで答えられる人，手をあげてみてください。
　何人かいますね。立派なことです。よく見ていましたね。
　はい，目を開いてください。
　わからない人の方がずっと多くて，ほとんどの人がわかりませんでしたね。先生方もたぶんわからないと思います。
　それくらい，普段私たちはものをよく見ていません。**何となく見ていますけれど，わざわざ言われなければ見ないのです。**でも，言われれば注意して見ますから，よく見ることができます。今，校長先生のネクタイの色がわからない人はほとんどいませんね。注意して見たからです。
　これは実は勉強にすごく関係があります。
　例えば，算数の授業で先生が，
　「この図をよく見てみましょう」
と言うことがあります。そのとき，みなさんは本当によく見ていますか？
　国語で，
　「第５段落を読んで○○という言葉を探しましょう」
と指示されて，第５段落をよく読んでいますか？

理科の実験で「先生がやってみますからよく見ているんですよ」と言われて，よく見ていますか？

こういうときに，本当によく見ている人と，何となく見ている人とでは，勉強の結果に差が出ると思います。

国際線の飛行機のチーフパーサーだった黒木安馬さんという方は，飛行機で月に20日間も世界を飛び回っていました。

あるとき，自動車をつくっているHONDA（ホンダ）という会社の前の社長さん，本田宗一郎さんという方が乗客の中にいて，牛の角と耳はどちらが前についているか尋ねられたそうです。黒木さんは答えがわからず言葉に詰まりましたが，本田さんは「見ればわかる」とおっしゃったそうです。

その後，黒木さんはホテルで腕時計をなくし，フロントでどんな時計だったか絵を描いてほしいと言われたのに，自分で何度も見ている時計がうまくかけなかったことがありました。このとき黒木さんは，本田さんが言った「見ればわかる」という言葉の意味が，何となく見るのではなく，意識してしっかりと観るということではないかと考えました。それから，黒木さんは何でもしっかりと観る癖がつき，毎日が発見の連続になったそうです。

私たちは毎日何度も見ているものでも，詳しいところを聞かれると，意外にわかりません。それは意識してちゃんと見ていないからです。**普段から意識してちゃんと見ていると，細かいところまでよく見えます。その結果，新しく発見することも多くなり，人が気づかないことにまで目が届くようになる**のです。これをするには，特別な道具もお金も必要ありません。意識して詳しく見ようと思って見るだけでできます。

今日から意識して詳しく見るということを心掛けてみてはどうでしょう。それが毎日の学習にもつながっていくと思いますよ。

【参考文献】
黒木安馬『ファーストクラスの心配り』（プレジデント社）

【著者紹介】

山中　伸之（やまなか　のぶゆき）

1958年栃木県生まれ。宇都宮大学教育学部卒業。栃木県公立小中学校に勤務。

●研究分野

国語教育，道徳教育，学級経営，語りの教育

日本教育技術学会会員，日本言語技術教育学会会員

日本群読教育の会常任委員，「実感道徳研究会」会長

●著書

『今日からできる　学級引き締め＆立て直し術』『新任３年目までに身に付けたい　保護者との関係構築術』『話し合いができるクラスのつくり方』『30代，40代を賢く生き抜く！　ミドルリーダーのための「超」時間術』『小学校道徳の授業づくり　はじめの一歩』（以上，明治図書），『全時間の板書で見せる「わたしたちの道徳」』『ちょっといいクラスをつくる８つのメソッド』（以上，学事出版），『キーワードでひく小学校通知表所見辞典』『できる教師のどこでも読書術』（以上，さくら社），『できる教師のすごい習慣』『忙しい毎日が劇的に変わる　教師のすごいダンドリ術！』（以上，学陽書房）他多数。

やさしい言葉が心に響く
小学校長のための珠玉の式辞＆講話集

2019年２月初版第１刷刊	ⓒ著　者	山　中　伸　之
2022年11月初版第５刷刊	発行者	藤　原　光　政
	発行所	明治図書出版株式会社

http://www.meijitosho.co.jp
（企画）矢口郁雄　（校正）大内奈々子
〒114-0023　東京都北区滝野川7-46-1
振替00160-5-151318　電話03(5907)6701
ご注文窓口　電話03(5907)6668

＊検印省略　　組版所　中　央　美　版

本書の無断コピーは，著作権・出版権にふれます。ご注意ください。

Printed in Japan　　ISBN978-4-18-123019-7

もれなくクーポンがもらえる！読者アンケートはこちらから

実務が必ずうまくいく 中学校長の仕事術 55の心得

玉置 崇 著
Tamaoki Takashi

A5判／144頁
1,800円＋税
図書番号：1967

（株）学校の社長である校長には、社員（職員）の管理のみならず、株主（保護者や地域）への説明責任も強く求められる。学校内部の結束を確かなものにしつつ、学校広報や特色ある取り組みにも挑み続けてきたスーパー校長の仕事術を大公開！ 使える校長講話も多数収録。

実務が必ずうまくいく 副校長・教頭の仕事術 55の心得

佐藤 正寿 著
Sato Masatoshi

A5判／128頁
1,760円＋税
図書番号：1861

引き継ぎの仕方から、必要な法規の知識、教職員・校長との関係のつくり方、保護者・地域との連携まで、現役スーパー副校長が明かす必ず実務で役に立つ仕事術。激務のイメージが強い副校長・教頭の仕事もこの1冊で勘所を押さえればこわいものなし！

明治図書 携帯・スマートフォンからは **明治図書ONLINE** へ 書籍の検索、注文ができます。 ▶▶▶

http://www.meijitosho.co.jp ＊併記4桁の図書番号（英数字）でHP、携帯での検索・注文が簡単に行えます。

〒114-0023 東京都北区滝野川7-46-1 ご注文窓口 TEL 03-5907-6668 FAX 050-3156-2790

＊価格は全て本体価格表示です。